MARDULCE

Títulos originales:
Anna de Noailles, *Passions et vanités*
George Sand, *Historie de ma vie*
Aleksandra Kollontai, *новая женщина*
Lou Andreas-Salomé, *Lebensrückblick-Grundriss einiger Lebenserinnerunger*
Colette, *Le pur et l'impur*

Corrección: Lucila Schonfeld - edit.ar
Diseño de colección y cubierta: trineo.com.ar

ISBN 978-84-125439-2-6
Depósito Legal M-24099-2024

**LOU ANDREAS-SALOMÉ / COLETTE /
ANNA DE NOAILLES / ALEKSANDRA KOLLONTAI /
GEORGE SAND**

Ladies

Una antología de mujeres dandis

Pasiones y vanidades, Anna de Noailles
Historia de mi vida, George Sand
La nueva mujer, Aleksandra Kollontai
Entre la gente, Lou Andreas-Salomé
Vampiro, Colette

Prólogo de Laura Ramos

ficción

Índice

Introducción
Esclavas del arte

La pose de Lou Andreas-Salomé con un látigo en la mano, conduciendo una carreta de burro que arrastran Friedrich Nietzsche y Paul Rée en una fotografía de 1882, es la pose de un nuevo sujeto político. La figura de la dandi, un espacio vacío en los guardarropas burocráticos del dandismo que exhiben la corbata blanca del Bello Brummell y los chalecos de terciopelo de Oscar Wilde, problematiza y subvierte toda categoría, toda formulación clasificatoria.

El artificio en el plano estético y la inutilidad en el plano moral: tal el dandismo baudeleriano que define a ese varón extravagante y distinguido, al artista más puro que no corrompe su arte con una obra para no salir de su yo, para continuar siendo "ininterrumpidamente sublime". La poética dandi masculina, entonces, como estado anímico y espiritual con sus caprichos, sus alardes, sus injurias y su posibilidad de corromper. "El gran Brummell, cuyos chalecos blancos causaban tan violentos insomnios a Byron", escribió Jules Barbey D'Aurevilly. La enfermedad del dandi es el *spleen*, la melancolía del ocioso moderno, el que no espera nada y al que nada le interesa. Esa "indolencia marcial, mezcla singular de placidez y de audacia", dice Baudelaire, es una belleza que se deriva de la necesidad de estar dispuesto a morir en cada instante, en contraposición a la fealdad de una figura que le proporciona espanto: "La mujer es lo contrario del dandi. Así pues, debe provocar horror. La mujer tiene hambre y quiere comer. Tiene sed y quiere beber. Está en celo y quiere copular. ¡Vaya mérito! La mujer es natural, es decir, abominable. También esto es siempre vulgar, es decir, lo contrario del dandi". Sartre no se extrañaba de que "aquel perverso" –el primer título de *Las flores del mal* era "Las lesbianas"– adoptara la moral más vulgar y rígida que a la vez se esforzaba en denostar.

Pues bien, monsieur Baudelaire, si el dandi masculino es el profesional de la afectación, el artesano del ocio, la dandi es una proletaria, una estajanovista de la escuela de Séneca, una estoica. Porque la dandi no nace dandi, se construye, en una labor de sol a sol, pico y pala, piedra sobre piedra, no tanto contra la figura del dandi varón como sobre la herencia psicosexual patriarcal, que la excluye de las estructuras de poder y la encierra en formas artísticas sometidas a una inocencia angelical o a una ira y locura demoníaca (Gilbert y Gubar). La dandi no es una cosa ni la otra.

Mientras el dandi del barón de Charlus y de Andy Warhol es pura apariencia –el dandi enfatiza el modo de ser antes que el ser mismo (Alan Pauls)–, en un sentido aristotélico la dandi es toda forma y sustancia. En la pose de su sodomización de los dos filósofos Lou Andreas-Salomé conjuga un ser dandi que atesora en su látigo todos los poderes fácticos y fálicos de los hombres. Se trata de un robo, de una apropiación, de un manotazo a las libertades masculinas y a sus saberes simbólicos. El varón dandi es inofensivo; la dandi es peligrosa. La dandi es una ratera con charme, una ladrona de guante blanco, pero nunca una Robin Hood: la dandi roba para sí, es una *bonne vivante* con autoconciencia de género. Bebe bebidas espirituosas, cabalga, fuma, escribe o pinta, practica el sexo libre, lleva una vida de pasión. El imperativo del deleite. "Pasarla bien es el compromiso que más me oprime" dice la obra del artista Guillermo Iuso. Esclava del placer, sí, pero del placer como militancia.

El dandismo masculino replicado en una figura femenina de forma especular –sin ironía, cita, sarcasmo o crítica– sería tedioso, mecánico y, lo peor de todo, mediocre. El arquetipo de la mujer frívola, coqueta, ingenua, obsesionada por la frase ligera y la emoción ida en vicio... ¿no es la Holly Golightly de *Desayuno en Tiffany*? Truman Capote puede ser un dandi si aspira a desayunar con diamantes. Audrey Hepburn definitivamente no. Es diva, princesa, musa, pero no dandi.

La dandi puede calzarse una tiara de diamante de Tiffany, pero con la certeza de que puede desembarazarse de ella en cualquier momento. Victoria Ocampo no es dandi a los veinte años, cuando visita al embajador ante el Vaticano con una media luna de brillantes coronando su cabellera. Deviene dandi al venderla para pagar un pasaje al escritor indio Rabindranath Tagore, en tal caso. Frida Kahlo se dandiza cuando posa para su autorretrato: el bigote, unos pechos que exhiben la columna rota, el corsé de cuero y los clavos que la atraviesan. La dandiza la arrogancia de su pose, esos ojos de azabache que desafían la mirada de Diego Rivera, de Chavela Vargas..., ¡de León Trotsky!

Sylvia Molloy consideró la fuerza desestabilizadora de la pose, la fuerza que hace de ella un gesto político. Molloy hermana el carácter exhibicionista de la pose dandi con el de aquellos fotógrafos patologistas que retocaban con maquillaje las ojeras de las histéricas para representar una enfermedad que carecía de rasgos visibles. La *poseure* sería, entonces, una estratega de la exageración con el fin conceptual de ser, por fin, visibilizada. Pero no visibilizada de cualquier manera: en "El arte de la seducción" Robert Greene preanuncia la existencia de una "dandi masculina" que trastoca la pauta normal de la superioridad masculina en capacidad de desdén, indiferencia e invulnerabilidad.

* * *

Antes de que se pronunciara la palabra que la designa (la *dandyess*, la *dandizzette*, la *quaintrelle*) la dandi ya existía. Safo de Lesbos fue la primera y hubo más. Pero recién a comienzos del siglo XX un puñado de mujeres colocaron sus maletas cargadas de látigos en los compartimientos de equipaje de distintos barcos, carros y bicicletas con un solo destino: París. Iban a activar un nuevo credo.

Natalie Barney, la "lesbiana de letras" de la era del jazz, la don Juan de la generación perdida, partió de Dyton, Ohio, para llegar a París en 1902, donde en muy poco tiempo se forjó "la más respetable de las malas reputaciones". Más temida que Oscar Wilde por sus despiadados epigramas, millonaria, bellísima, sabía griego clásico (la lengua secreta de los hombres según Virginia Woolf, que fue su amiga), fundó en su casa de la calle Jacob un club mitológico donde podía verse a un niño arrojando pétalos de rosa sobre Djuna Barnes o a Colette paseando desnuda entre los árboles del jardín salvaje.

Por ese entonces Colette mostraba sus pechos, cada noche, en los puticlubes de Montmartre –"¿Qué quieren que haga? ¿Costura, mecanografía o la calle?"–, pobre como su amante, Mathilde de Monry, marquesa de Bellbeuf. Ambas estuvieron a un tris de ser arrestadas luego de besarse en el escenario del Moulin Rouge. Después de su ruptura con Missy, Colette se casó con Henry de Jouvenel, que tenía un hijo de 17 años. Cuando dejó a Henry por su hijastro, su novela autobiográfica *Chéri* batió todos los récords de ventas.

Otra dandi pobre, Djuna Barnes, a los veinte años escribía reseñas de boxeo para un periódico amarillista de Nueva York. En la época en que las sufragistas hacían huelgas de hambre y eran obligadas por los médicos a tragar nutrientes por tubos, atadas a las camillas, ella se sometió al tratamiento y publicó las fotos y el artículo en su periódico. En 1921 se mudó a París, donde fue visitante del club de Natalie, además de ser su amante, su amiga y en particular su rival, porque también era brillante, cultísima y hermosa. De una moral obscena y a la vez trágica, su novela *El bosque de la noche*, modernista como el *Ulises* de su amigo Joyce y el *Orlando* de Virginia Woolf, provocó pasmo en el campo literario. Con un lenguaje arcaico, demótico, porno, escatológico, gótico, sublime, *El bosque de la noche* solo exculpa a los desposeídos, los descarriados y los herejes. En el último capítulo, "La posesa", no hay diálogos, solo ladridos y gemidos caninos de la heroína, que transita –transiciona– la dolorosa transformación de ser humano a bestia. De regreso a Nueva York ya al final de su vida, alcohólica feroz, misántropa, cuando Carson McCullers, Anaïs Nin o Susan Sontag intentaban visitarla, apenas asomaba la cabeza por la ventana para gritar: "Quien sea que esté tocando el timbre, que se vaya al infierno".

Gabriele D'Annunzio, su amante, llamaba a Luisa Casatiß la divina marquesa, en evocación al marqués de Sade. Precursora del *body art* y la performance, huérfana y heredera de una fortuna cuantiosa, la marquesa Casati Stampa di Soncino convirtió sus rasgos cadavéricos, su figura huesuda y los ojos saltones en la encarnación de la obra de su vida: ella misma. Se dilataba los ojos con gotas de belladona y resaltaba las oscuras ojeras, como los patologistas con las histéricas, con khol marroquí, ese polvo de almendras quemadas, plomo, cobre y ceniza; pintaba su boca y su cabellera leonada de rojo carmesí. Con un plan artístico a largo plazo –"Quiero ser una obra de arte viviente"–, se hizo retratar por los grandes pintores, dibujantes, fotógrafos, escultores y escritores de su tiempo: Man Ray, Cecil Beaton, Gionavvi Boldini, Alberto Martini, Giacomo Balla, Erté, Ignacio Zuloaga, Augustus John; hasta Ezra Pound y Jack Kerouac le dedicaron poemas. Paseaba por la plaza San Marcos de Venecia desnuda y cubierta en pieles, llevando a dos guepardos con una correa. Usaba serpientes vivas como joyas en las fiestas de disfraces que daba en su palacio, el Venier dei Leoni del Gran Canal, que luego compró Peggy Guggenheim. La foto de Man Ray, que él había desechado por defectuosa, la muestra con tres pares de ojos borrosos, pestañas postizas tipo araña pollito y unas tiras de terciopelo que usaba como cejas. Ella dijo que Man Ray había captado su alma. Luisa Casati fue modelo y artista de su inmensa colección, que consistía en una sola obra: su caleidoscópico retrato. Murió arruinada y sus amigos la enterraron, a su pedido, con las pestañas postizas y junto a su peluche, un perro pequinés disecado. Dejó una deuda de veinticinco millones de dólares.

* * *

En su estudio sobre el decadentismo Claudio Iglesias menciona la lengua *faisandée* (pasada, casi podrida) del latín posclásico y medieval y la vincula al programa de la literatura decadente: operar sobre la lengua y descomponerla. Como los decadentistas, la dandi pone en acción el enunciado de Kropotkin, el destruir para crear, porque su propósito es corromper. Corromper el buen sentido, los lugares comunes, la comprensión vulgar, la ética burguesa, el arte consagrado. La dandi escribe con su vida –con su gesto, con su cuerpo, como Luisa Casati– su propio arte del vivir. La dandi es desigualitaria, no hay universidad ni academia ni parentesco que la contenga. Excepción de su género, la dandi pertenece al reino del revés de María Elena Walsh; pone el carro delante del caballo (del burro de Andreas-Salomé); se forja por inversión; es una invertida. La construcción de la dandi, su gesto, su pose, es contranatura.

María Moreno no cuenta ni oculta sus orígenes: se jacta de ellos. Si no hubiera nacido en un conventillo del barrio judío de Buenos Aires, hubiera inventado esa historia para vanagloriarse. Con el tono –más barítono que contralto– de los estudiantes de Filosofía y Letras de los años sesenta, es la gran payadora argentina, más rocker que Patty Smith y Janis Joplin juntas, una pendenciera, jinete de los malones del cacique Baigorrita, que entra a la literatura argentina –al periodismo, dice ella– por la puerta vaivén de los bares, las tabernas, el café La Paz. Viste botas y se envuelve en la capa roja de Lucio V. Mansilla con una cabellera teñida de rubio y alisada con la técnica del *brushing*, estilo peluquería de Barrio Norte.

María Moreno es dandi por contagio de sangre, por pedigrí, porque su madre, doctora en química –María Moreno se ríe un poco de la madre, porque si hay algo en lo que se afana es en la autodenigración– se daba aires de aristócrata y le decía departamento al conventillo y Barrio Norte al barrio de Once. Pues bien, María Moreno redobla la apuesta y llama *château* de la rue Saint Louis al conventillo de la calle San Luis y cuando le preguntan por su formación literaria esconde sus eruditas bibliotecas para enumerar los radioteatros que escuchaba con su abuela en el patio del *château*. Víctima de una sinestesia literaria, escuchaba a Victor Hugo y a Emily Brontë –o a lo que quedaba de ellos– en las adaptaciones radiofónicas que había escrito Abel Santa Cruz y recitaban, con ceceo, actores y actrices formados en el teatro español.

Ella construye la novela de su infancia –el retrato de la dandi cachorra– en diversos textos y basada en un puñado de pilares:

El positivismo higienista de la madre explicaba la función de los preservativos que florecían en la vereda del *château* como protectores de dedos de los basureros, indispensables para trajinar con las botellas rotas que dejaban los borrachos.

La cualidad de analfabeta de su abuela –la portera del conventillo–, que intercalaba un "pedazo de estúpida" en sus diálogos domésticos.

La escenografía de su infancia y los vecinos: "la puta que enseñaba el catecismo a domicilio, el niño que dormía en un cajón, la enana que llevaba una canasta sobre la cabeza" y su preferida, la niña gárgola del Jardín Botánico, diminuta, con cara de tortuga y piel tan traslúcida que transparentaba las venas, sentada junto a la nurse. Su fantasía decadentista de la niñez: ser robada por los gitanos. La puerta del conventillo que se cierra para abrir la puerta vaivén de la mesa del bar.

El primer paño casero de menstruación, confeccionado en tela de toalla con aletas, lavable e "indiscreto desde la soga de colgar la ropa". La ostentación escatológica de su menstruación sobresangrada ("Los pantalones le abultaban como si llevara pañales") deja paso –un paso de tango, estilizado, anacrónico– a la jactancia alcohólica. Los capítulos del top hit de sus libros, *Black Out*, por obra de una repetición deliberada y contumaz se llaman, una y otra vez, de la misma manera: La pasarela del alcohol, Ronda y Del otro lado de la puerta vaivén.

El bar como escenario del olvido de la finitud, que "se escapa a la red de lo útil dando un sentido jodedor al hecho de alimentar la fuerza de trabajo". Ginebra de parada. O whisky doble con hielo, hasta el *black out*.

Y el sexo. Otro activismo. Si no se bañaba, se lavaba por partes, en una palangana. María Moreno detalla los olores de un cuerpo macerado en alcohol y en sexo ejercido como una política, el teléfono del abortero de moda en las primeras páginas de la agenda y una quema de corpiños en capilla ardiente, ardiendo hasta que las velas no ardan. Pero sus fanfarronerías están tan lejos del fisiologismo de Bukowski o de Henry Miller como de la asepsia de su madre. Y es que su construcción de dandi no deja de parecerse a la del dandi clásico: si no posa con una galera ladeada y una copa en la mano, su porte de compadrita es la misma. Ella lo sabe y lo sobreactúa: la suya no es una prosa –ni una pose– desmayada; es rigurosa y despiadada y contundente.

Con tupé de maleva busca y rebusca –rasca– un pedigrí alcohólico y lo encuentra en dos fuentes: en su madre y en Lucio V. Mansilla.

Su madre la doctora le hacía un número de magia: en una pipeta de vidrio mezclaba dos tubos de alcohol transparente y los transformaba en un líquido carmín. Cuando empezó a desfilar en su pasarela del alcohol, volvió a recordar la prueba de magia de su madre –su Rosebud–: el líquido ardiente que bebía en el bar le bajaba transformado en la sangre carmesí de sus hiperbólicas menstruaciones, convirtiendo la prueba de su madre en una profecía.

Mansilla: Encuentra un linaje en su libro fetiche, *Una excursión a los indios ranqueles*, cuando cita –en altavoz– que los indios "suelen andar mamados de aguardiente, de vino, de chicha o de piquillín". Porque la escritura de María Moreno –cuando logra reescribir a Mansilla y desembuchar su entripado– nunca es en seco. Ginebra en la barra; Jack Daniel's con hielo en la mesa. Y otra copa en el estribo. Hasta el *black out*.

Pendenciera, provocadora profesional, escritora de viajes que no viaja ni sabe idiomas (y lo pregona), neologista compulsiva –escribe con la espada; miento; con el puñal–, es la inventora del cartonerismo epistemológico, las aberraciones lingüísticas, el canyengue existencialista. Contrabandea coloquialismos, refranes populares y *slang* guerrillero o hippie en un cocolichismo cultural que atraviesa los ensayos barthesianos, marxistas y semiológicos (su *faisandée* propia); destripa la historia argentina sesgada por la historia personal, la relectura lacaniana y la teoría feminista. Lacaniana rococó, transfeminista. Su labor, en calidad de dandi contradandi, no es otra que nadar contra la corriente de ideas, géneros, literaturas, feminismos, disidencias, lenguajes. Théophile Gautier la definió bien: "Estilo ingenioso, complicado, erudito, lleno de matices y de búsquedas, atravesando siempre los límites de la lengua, tomando términos de todos los vocabularios técnicos, colores de todas las paletas, notas de todos los teclados, esforzándose por dar el pensamiento en lo que este tiene de inefable, y la forma en sus contornos más vagos y escapadizos, transcribiendo las confidencias sutiles de la neurosis, las confesiones depravadas de una pasión marchita, las alucinaciones bizarras de la idea fija que se hunde en la locura".

Roba fragmentos de textos propios (mechera de sí misma) y los usa en otros. Su grafía es intencionada, política, alquímica porque transmuta la aberración en valor: como un

Cristo de fantasía, pone coronas de azucenas a los degenerados, a los infecciosos, a los prostituidos y las prostituidas, a las sádicas y a los masoquistas.

Con la coartada de escribir un artículo y así convocar el efecto de lo real barthesiano, María Moreno se alojó en la jaula de una dómine BDSM por propia voluntad. Como Lucio V. Mansilla cuando se emborrachó con los ranqueles y tocó con sus manos a los enfermos de viruela, como Djuna Barnes cuando se dejó alimentar por tubos, María Moreno le dio un propósito al imperativo de entregar su cuerpo a la experiencia: puso el cuerpo.

Al galope sobre el lomo de un zaino, María Moreno torció el arrabal hacia la calle Corrientes, arreó tango, ginebra Bols de parada, revolución, cuestión lesbiana, *château*, todo en lengua bola, a contrapelo, y lo metió en la Academia. En La Academia de Callao casi Corrientes, bar y billares de borrachos, filósofos pobres y *lumpen proletariat* donde oyó –y también leyó– a Marx, Freud, Lacan, Barthes y a un David Viñas sobrio, a veces. A Colette la había conocido en el *château* por una confusión de su madre, que le compró *Claudina en la escuela*, atraída por el título y la imagen de tapa de Sudamericana: la niña con un moño anaranjado en la cabeza, sentada alegremente frente a un escritorio-pizarra. Pero le habían vendido gato por liebre. La novela lésbica más perversa y pervertidora de la literatura no era un libro para niñas. Una feliz confusión –una luz mala– juntó al hambre y a las ganas de comer.

El 3 de julio de 2021 María Moreno tuvo un infarto cerebral que le provocó parálisis en el lado derecho del cuerpo.

"Mi mano derecha yace exangüe, lívida, sobre una plataforma de elevación; los dedos apiñados, las uñas pintadas de rojo, apenas firmes para sostener un abanico como en un cuadro de Prilidiano Pueyrredón. Mi pierna derecha se siente como la del capitán Ahab, pero mucho peor escrita" escribió en un discurso para el Museo del Libro y de la Lengua. Y teatralizó una escena *à la* Evita: "He renunciado a mis excesos barrocos y a mis enumeraciones caóticas rococó. He llegado a la síntesis por un déficit, no por voluntad".

Su siguiente happening fue en el plano de las redes sociales. Presumía de su destreza como amazona en un video casero, cabalgando una silla de ruedas –a la que llamó "silla eléctrica"– con su pelo rubio y el brushing de peluquería, apretando el acelerador a fondo (a fondo blanco) sobre la vereda.

Podría decir que la tarea de María Moreno es convertir el conventillo en *château* y el barro en diamante, si no fuera porque el proceso es inverso. Su forma y sustancia es diamante, y su lucha es la lucha por investir al diamante de barro, de secreción menstrual, de detrito, hasta el *black out*, hasta la muerte.

Laura Ramos

Anna de Noailles

Pasiones y vanidades

Anna de Noailles (cuyo nombre real es Anna Elisabeth Bibesco-Bassaraba de Brancovan) nació en París en 1876 y murió en la misma ciudad en 1933.

Descendiente directa de Sofroniy de Vratsa, célebre personalidad de la vida espiritual y literaria rumana de principios del siglo XIX, en 1897 se casó con Mathieu de Noailles, cuarto hijo del séptimo duque de Noailles. Fue anfitriona de un famoso salón literario, en la Avenida Hoche, en París, por el que pasaron, entre otros, Edmond Rostand, Paul Claudel, Colette, André Gide, Maurice Barrès, Robert de Montesquiou, Paul Valéry, Jean Cocteau, Alphonse Daudet, Pierre Loti, Paul Hervieu y Max Jacob.

En 1904, con otras mujeres como Judith Gautier (hija de Théophile Gautier), creó el premio Vie Heureuse ("Vida Feliz"), que más tarde se convertiría en el importante Premio Fémina, que perdura hasta nuestros días. Fue también la primera mujer en llegar a comandante de la Legión de Honor, la primera mujer admitida en la Real Academia Belga de la Lengua y Literatura Francesas, y fue distinguida con el "Grand Prix" de la Académie Française en 1921. En 1906 su imagen fue esculpida por Auguste Rodin; el modelo en arcilla puede verse aún hoy en el Museo Rodin de París, y el busto en mármol acabado está en el Museo Metropolitano de Nueva York.

Fantasía y juventud de las mujeres

¿Me odiarán las mujeres cuando les diga que no me acostumbro a su gran desprecio por la cabellera de Isolda, vela de oro sobre el navío de Tristán, sin importarles el impresionante peinado de Diana, ni tampoco ese pequeño anillo curvo, delicado como una castaña, que descansa en el cuello griego de la *Jeune fille aux osselets*? Silenciosa por educación frente a tantas repentinas páginas florentinas y japonesas con mejillas rojas, elevo sin embargo una queja frente a sus cabellos cortos, esa supresión de los sueños, del ingenio, del esplendor del rostro. Les reprocho ese vaciamiento de la nuca, lugar secreto y enamorado de la sombra, modelado para llevar las caracolas sedosas, ásperas, sombría, dorada, o perfecta para parecer descascarado hasta la cima de la cabeza, hasta el ornamento viviente que llega para abatirse o para florecer.

Finalmente, les exijo escapar de ese vacío en la almohada, volver a esos poéticos largos desaparecidos, agradecer a esas cabelleras espesas, tan conmovedoras como las telas abandonadas, como la respiración inocente del sueño sin defensa, como la romántica que tararea inconscientemente en la soledad.

¡Todo el patetismo de los párpados cerrados, de las máscaras confundidas, risueñas, apasionadas, residía en el envoltorio, en el despliegue de los cabellos sabios o turbulentos, seda embalsamada, cambiante tibieza, enredos, debilidad! Los hombres ya no entenderán ese tierno grito de precaución, y el reproche que se elevaba antaño, al comienzo de la amorosa batalla... ¡cuando el cabello largo permanecía atado al broche de nácar o de oro de sus puños! No escucharán más la voz doliente, vencida, pero dispuesta y resuelta a gritar "¡Mis cabellos!", al momento de rechazarlos rápidamente y prudentemente por fuera de los más vivaces abrazos.

Haber descartado el amor de unos de sus testigos, de una de sus víctimas, la cabellera dejada de lado, ¡qué mutilación, qué abandono, qué disminución de la vehemencia, del desorden y de la sorpresa! Desaparecida de ahora en más, la joven mujer, a medias culpable e inquieta, buscando temerosamente el pasador de caracol deslizado bajo los almohadones del sillón, del diván, incluso hasta en la alfombra, donde, finalmente, se la reencuentra cómplice y discreta para volver absoluta y reparada.

¡Qué! ¡Nunca más esas dos manos ansiosas y mentirosas que, al momento de reunirse con los anfitriones traicionados, aseguran el buen aspecto del peinado rehecho, mientras el ánimo sereno permite ofrecer a los espectadores una fisionomía desmemoriada!

Nunca más, en la oscuridad y el silencio de las habitaciones en las que se apresura una pareja satisfecha, esos bucles desplegados que, después del huracán del placer, pasan de la espalda desnuda y reposada de Eva hasta la frente de un joven Adán, cargado de fatiga y alma.

Yo sueño con el jadeo lírico, del que habla Michelet en un cuento de brujas, ese llamado de un poseído a esa con la que convivía durante el *sabbat*: "¡Si no puedes regalártelo a ti misma, dame a mí uno solo de tus cabellos, dame la mitad del umbral de tus cabellos!".

Pero las pasiones tan violentas son exiliadas de nuestra época. Al renunciar a uno de sus atributos más valiosos, la mujer abdica de su poder de conmover, excesivo, su soberanía por la vergüenza encantadora y el desfallecimiento de sus derechos afirmados por el aparente signo distintivo.

Su ambición, hoy, es ser práctica. "Me corté los cabellos", la escuchamos decir, de repente, a las personas que parecen tener que, debido a su carácter modesto y fiel, evitar esta innovación: "Me los corté porque es realmente más cómodo. No me tengo que ocupar más de los cabellos. ¡El tiempo que gano! ¡Una cepillada a la mañana, y ya peinada incluso hasta la tarde, la noche, para siempre!

Ellas creen, esas inconscientes, que nos convencieron con la rigidez festiva de su confesión, pero una semana después del alegre sacrificio, vemos bien que introdujeron en sus vidas un problema constante, un nuevo yugo, esas jovencitas *garçonnières* tienen de golpe, sin que quieran reconocerlo, un vocabulario de esclavas novelescas: "Rodolphe me espera", murmura una. "Tengo que ir dos veces por semana con Léon", confiesa la otra. ¡Y es así que las poéticas adúlteras de *Madame Bovary* envuelven su encanto provincial, descolorido pero audaz e inmortal, esas mujeres escolares que no solo habían pronunciado familiarmente el nombre de su esposo!

Al cortarse sus cabellos, mirando en el espejo destructor los pliegues, las cortas ondas que la tijera, el peine, la planchita acababan de darle a su peinado, ¿las mujeres creyeron detener la vía obstinada de esa cosecha fría y lenta que mantiene en la superficie de su alma una delicada y continua primavera?

Para algunos rostros perfectamente aureolados por los cabellos cortos, abundantes, espumosos, indisciplinados, ¿cuántos otros recibían su favor, su sombra necesaria, su placentera atmósfera del peinado protector y tutelar?

Una secreta armonía rige el conjunto de la belleza. El milagro delicioso de sonreír puede depender de la manera en que los cabellos brotan de la frente, de las sienes, que es imprudente revelar o develar sin una instructiva meditación.

¡Y qué paz, qué facilidad, cuánta facilidad en eso que continúa sin que sea necesario pedir auxilio! Cabellos de mujeres que prosperan y se estiran, esfuerzos, contención, examen. Atados al inconsciente, ustedes se mantienen, se renuevan, se despliegan con un viento, cuyo ser no importa para el número, como los latidos de un corazón normal, cuya criatura no da cuenta del funcionamiento misterioso.

Si se lo piensa, y sin los cabellos cortos de las mujeres, que captan su solicitud, yo no hubiera nunca reflexionado sobre la gran inferioridad del hombre, su tiranía, su servidumbre, que es la barba. Ella lo domina. ¡Con qué oscuridad vigilante la barba piensa cotidianamente, es el gendarme, ¡el carcelero implacable! Jardinero perpetuo, tiene que estar todo el tiempo atento, tiene que ser podada permanentemente.

Una mujer a quien enfermedad abate conserva su tranquilizadora estabilidad; la naturaleza no le impone tener que disfrazarse de golpe. Encantadora con el rubor o la palidez de la fiebre, yace, indiferente, segura, preservada, en relación al rostro, de los saltos y rebotes de la naturaleza interior. El hombre no tiene ese descanso. Asaltado por la gripe, se siente menos amenazado por la vida que en la dignidad de su rostro. Si no se cura, va perdiendo su parecido, se echa a perder, se convierte en ese desconocido cuyas mejillas, el mentón, los bordes de los labios son invadidos pérfidamente por una profusa, tenaz, fantasiosa vegetación. Sin dudas, hay barbas amigables, y todos conocemos bellos rostros masculinos que completan los matices de cobre o ébano. ¡Sin embargo, me arriesgo a pensar que la mujer más enamorada, la más celosa, sobre la que ronda el contorno ovalado más amado, podría bruscamente representarse en puro destino embarullado por una suerte de nido de jilgueros, conoce la quietud, el trago fresco en el desierto y el deseo de su obsesión!

Sepamos constatar con justeza: sí, las mujeres han, con sus cabellos cortos, destruido la diversidad, nos imponen una visión repetida de nucas iguales, que hacen pensar en esas frutas como las que se desarrollan a la temperatura de un invernadero, pero es cierto que su aspecto permanece joven. No se ven más mujeres viejas. Una suerte de confianza, de alegría interior se expande entre ellas, y viene a florecer a la superficie. Cabellos cortados, cabellos coloridos, vestidos alertas, sombreros desenvueltos comunican los gestos hasta el corazón mismo, con feliz vigor. El alma refleja la apariencia. Las mujeres viven su edad de oro en el vestuario. Y no se aprecia más que la rosa, como susurrando la aurora, las melancolías meditativas de atardeceres de verano, la ácida y sabrosa primavera cosen los vestidos de las muchachas, más que los de sus madres, seguras y encantadoras. Está lejos el tiempo en que la mujer, todavía radiante, en medio del camino de la vida, anunciaba a sus amigos la seguridad con la que creía contar, diciendo: "Tengo que elegir entre el ridículo y la vejez... ¡Prefiero el ridículo!". Pero no es ridícula, en nuestro tiempo, la belleza resoluta y perseverante.

El hombre viejo, él, aún resiste. No ocurre muy a menudo, pero a veces lo vemos. Él tomó partido por el cráneo liso y brillante, rodeado de un barrilete de cabellos grises. Sus ojos apenas lanzan cortésmente el disco pálido de la mirada. El rostro admite el color de la niebla y el aceite, las arrugas cruzando músculos debilitados que, engañosamente, dan un aire triste a la dulzura de su amargura. En el restaurante, en una calle o un vagón, se resigna a su horizonte cercano: lectura del menú, alimentos que forman, ante su mirada, un plato no muy colorido, promesas de sabores que le interesan, dirige sus gestos adustos hacia ese jardín nutritivo; el periódico desplegado que funciona como protección, un adorno de acontecimientos potentes pero inofensivos. El señor viejo lee el diario tranquilamente: hay combates, muertes, triunfos, victorias, asesinados, arruinados, amados. ¡Amados! ¡Qué importa! El señor viejo recibe y tolera el peso formidable de los acontecimientos que no le conciernen. Toda su vida anterior, de la que estaba tan orgulloso, está consignada allí, en artículos extensos, en breves noticias. Se complace de ese espectáculo del que fue el actor y el héroe, nunca despedido. Sentado en el sillón confortable de la vejez, mira lo que él mismo fue: agilidad, fuerza, levedad, temeridad, ardor. Consigue sus aplausos; es bienvenido, paternal, gentil. Informado sobre la arteriosclerosis, sobre el estado de sus bronquios, su corazón toma recaudos, quiere vivir. Vive como una llama pequeña, una vida que se emociona y canturrea en voz baja como el líquido de la bolsa de agua caliente colocada delicadamente, separada del brasero, que no sufrirá la fogosa y tórrida evaporación.

A la vieja dama, no se la ve jamás así. A Dios gracias, no la vemos más. Está transfigurada y fue reemplazada por la joven mujer cansada pero durable, por la matrona risueña, sólida, espiritual, bailarina, algunas veces también por la que se llama "vieja loca" sin que la palabra "vieja" pueda aplicarse a su edad, sino solamente, oh maravilla del lenguaje rápido y vago, ¡a su fantasía y atrevimiento! La dama que nos ahorra la tristeza de pensar en su vetustez que no ignora y no luce, no se preocupa de su salud, no ha renunciado a nada. Ella no tiene la generosidad que emana de su declive, no es como el señor viejo y caritativo, no es indulgente, ¡no se volvió gentil!

La extrema dulzura es ya una falla, un reconocimiento de la debilidad, una excusa que esconde algunos aspectos, como la discreta compasión. Esos beneficios, el orgullo femenino no los necesita, los recibe con melancolía, incluso con ingratitud. La indiferencia de las mujeres, de las que no habrían jamás intentado el rudo y alegre desafío de las jugadoras de tenis, de las caminantes alpinas, lo que les da una celeridad de joven varón, las que comen, beben y conducen automóviles, intentan dar la vuelta al mundo, aman y son amadas tanto tiempo como quieran, y hasta la hora de su muerte, de su valiente y despreocupada muerte.

Las cenas en restaurantes

Una mujer entra rápidamente, con ese paso acertado que adopta para aparecer y conquistar el salón desde el que se observa su llegada. La asamblea le dedica una alegre recepción con la voz, la mirada, el gesto de las manos abiertas. Es el placer de verla que manifiestan los invitados reunidos, ya que el público parisino es fiel y curioso, pero es también la alegría del final: si la mujer esperada llega tarde, llega distraídamente a las nueve cuando se la esperaba a las ocho y media, de ese saber furtivo, no tiene cura. ¿Atrae ella? ¿Su aparición es lograda? Entonces se sirve la comida, la bebida, todo la deja insensible al real dolor de los apetitos convencionales y feroces que, secretamente, desprecia. "El mundo pertenece a los que no comen en una hora fija", tal es la divisa inhumana e ingenua. Habiéndole dedicado a cada uno, con graciosa seguridad, una sonrisa tranquila, distribuida en pétalos de rosas, la dama adornada y satisfecha de sí penetra en el salón comedor, se sienta en la larga mesa, blanca y triste, de la que no presumiremos ni del brillo del mantel, ni de los cristales chispeantes, ni de los frascos coloreados de rubí y de topacio, ni menos aun de las copas recargadas de frutas, ese paisaje alimenticio deslumbrante, que no sabemos por qué a novelistas les interesa para despeinarse en esos mismos términos, ingenuos y excesivos, vueltos ya clásicos.

En ese triste estar que es el salón comedor, los camareros, serios y sin alegría, igual que los guardias de un museo, vigilan con una mirada de gendarme esta intrusión de una compañera negra entre hombres, abigarrados de mujeres, que quieren asaltar para saquear la mesa por ellos construida, ya que ese es un lugar que rápidamente se convierte en un cementerio en sutil demolición.

En el silencio que preside ese agrupamiento en torno de la ropa brillosa, especie de Siberia donde mueren las flores cortadas de una rama con nieve, absorbemos el potaje, poco y tibio, como un sacrificio, una víctima de la espera. Después de haber observado a su vecino de la derecha, a su vecino de la izquierda, y constatado que ninguno de los dos le daría el chispeante placer que solo la música insidiosa, en los restaurantes, provoca desordenadamente, la dama con la mirada dura recorre el lote de humanos que le es divertido estudiar. Los hombres, constata, le otorgan su indulgencia o su desprecio, después ella los suprime. ¿Por qué? Porque el hombre que nos gustaría no está en el salón comedor. No se lo descubre allí. Lo conocemos bastante más tarde, cuando nuestros amigos comprenden que su presencia nos sería querida, y es entonces cuando se impone todo un arte complicado de saber mirar sin complicidad o sin la aparente ignorancia, de no quedarse permanentemente callado a su lado, de no tratar con una ceremoniosamente hostilidad y, sobre todo, de controlar los misteriosos reflejos del alma, no huir por conveniencia.

Pues, sin favoritismo ni animosidad por los comensales machos, son las mujeres quienes van a inspeccionar a otras mujeres con ojos de águila. Con qué velocidad de arándano las envuelve, las ve, las adivina. ¡Las juzga! Allí lo insignificante, joven y bella muchacha, contenta en todos los lugares, en todos los juegos. Ya sea la danza, el paseo o la cena, ella disfruta, se alegra, se dispone a casarse como frente a una contienda. Ella es leal y busca un compañero honesto. No teme a la perfidia del amor. Mientras que ejerce así el mutismo crítico, los platos llegan a la blanca rivera de la mesa. Vemos llegar el pescado. Peinado con perejil, rodeado, en un imposible y póstumo salvataje, de la harina grandiosa de las papas de tierras desnudas, el pescado, vasto plato, salpicado. Única perseverancia en un universo donde todo está cambiando: las costumbres, las modas, los placeres y el corazón mismo, mientras que el pescado subsiste.

Pescado inevitable, ofrenda de las aguas profundas, navío natural, cargado de sal y yodo en su blanca piel brillante, granosa como un rico tejido de seda al que llamamos *crêpe romain*, mientras usted descansa sobre un mantel de algodón, armada de espina guerrera, suerte de samurái vencido y tumbado de lado. Usted está como apuñalada a la altura del corazón, su cuello se corta, la herida desciende y la vemos abierta sobre su delicado esqueleto de nácar. Es usted, habitante magnífico y cuchillo de mar, símbolo de la estima en la que el *maître de maison* agasaja a sus invitados; usted define a la cena como pleno de honor, el reconocimiento al mérito, las obligaciones debidas al Ministro, al Académico, al General, al Embajador, al invitado extranjero.

Y, sin embargo, la desgarra y la sume en la indiferencia, usted, que es muy conocido, que no será destronado, que no es alguien distraído. La pieza de caza, pájaro infiel, alimentado con un lejano enebro, regado con un vino rosado helado, ¡Nos interesa! Mensaje de los bosques nevados y los conejos azulados, nos aporta el gusto de la corteza y de la médula de los bosques Urales en su carne resinosa, minuciosamente estratificado compuesto de olorosas astillas. ¡Deliciosa minucia! ¿Dónde está? ¿Su nido se deshizo para siempre en la misteriosa Rusia, que nos dispensa aún la adorable mesa rociada de caviar? Usted, pescado brillante de gotitas de plata, de una salsa de coral donde, ardiente terciopelo, la corbata se acurruca en forma de pequeño caracol carnoso, que lo acompaña y lleva a la diversión y la curiosidad.

Así, durante su efímero pasaje en torno a la mesa, donde disminuye y finalmente desaparece su apariencia, la dama de espíritu cáustico mantiene toda la libertad para considerar a las otras mujeres, como ya las venía analizando de antemano.

A sus vecinos, ella les habla riéndose, pero su espíritu permanece distante. La bella pastilla brillante de su mirada castaña no deja de pensar con inteligencia. Ella mira. En esta época la gente admira los peinados más extravagantes.

George Sand

Historia de mi vida

George Sand, pseudónimo de Amantine Aurore Lucile Dupin de Dudevant, nació en París en 1804 y murió en 1876. Novelista y periodista, fue una de las escritoras francesa más populares del siglo XIX. Escribió más de 60 libros, la mayoría firmados como George Sand, nombre que tomó por la resonancia masculina y por estar asociado a la literatura inglesa que tanto amaba.

A continuación, se reproducen los capítulos LV y LVI de *Historia de mi vida*.

Como no pienso desfigurar la verdad al relatar lo que me concierne, debo empezar por decir claramente que quiero callar y no arreglar ni disfrazar varias circunstancias de mi vida. Nunca he creído deber guardar secretos míos frente a mis amigos, pero no me atribuyo el derecho de disponer del pasado de todas las personas cuya existencia ha estado relacionada con la mía.

Mi silencio será indulgencia o respeto, olvido o deferencia, no tengo por qué explicar estas causas. Todos mis afectos han sido grandes. No obstante, he roto algunos de ellos a sabiendas y voluntariamente. En ciertos momentos de mi vida he visto nacer la perversidad y verla agrandarse de hora en hora; la conozco pues la he observado y, sin embargo, no la he destacado en mis novelas. Se ha criticado esta benignidad de mi imaginación. Si esto es un defecto de mi cerebro, es de creer que está también en mi corazón. Yo perdono y si hay almas que me han perjudicado mucho y se rehabilitan bajo otras influencias, estoy dispuesta a bendecirlas.

El mundo condena y lapida. No quiero librar mis enemigos (si es que puedo servirme de una palabra que no tiene mucho sentido para mí) a jueces sin entrañas y sin luces y a una opinión sin piedad y sin caridad.

Por eso titulé este trabajo *Historia de mi vida*, para hacer notar que no pensaba relatar la de los demás.

Después de haber dejado establecidas estas cosas, continúo mi relato.

Busqué un alojamiento en París y me establecí en el muelle Saint-Michel, en la buhardilla de una gran casa situada en la esquina de la plaza, en el extremo del puente. Mi departamento constaba de tres pequeñas habitaciones, muy limpias, que daban sobre un balcón desde donde dominaba gran parte del curso del Sena y contemplaba los monumentos gigantescos de Notre-Dame, Saint-Jacques-la-Boucherie, la Sainte Chapelle, y otros. Disfrutaba con la contemplación del cielo, del agua, del aire, de las golondrinas y del verdor sobre los techos; no me sentía demasiado en el París civilizado, que no hubiera convenido a mis gustos ni a mis recursos, sino más bien en el país pintoresco y poético de Victor Hugo, en la ciudad del pasado.

Debía pagar trescientos francos de alquiler por año. Los cinco pisos que debía subir para llegar a mi alojamiento me molestaban bastante; sin embargo los subí a menudo con mi pesada hija en brazos. No tenía criada. La portera, muy fiel, muy limpia y muy buena, por quince francos al mes me ayudaba en los quehaceres domésticos. Por dos francos al día me traían la comida. Yo lavaba y planchaba ciertas prendas de vestir.

Lo que me resultó más difícil fue la adquisición de muebles. Obtuve crédito y poco a poco pude pagar mis deudas. Salíamos de día a pasear por el Luxemburgo y pasaba mis noches escribiendo. La Providencia vino en mi ayuda. Al cultivar una planta de reseda en mi balcón, trabé relación con mi vecina, que cultivaba un naranjo en el suyo.

Era la señora Badoureau, quien vivía allí con su marido, maestro de primeras letras, y una encantadora hija de quince años, la que tomó gran cariño a Solange. Esta excelente familia me ofreció hacerla jugar con otros niños que tomaban allí lecciones particulares. Eso hizo más agradable la existencia de la niña. Aquellas buenas personas le prodigaron en profusión ternuras y cuidados, por los cuales no quisieron ser nunca indemnizadas. No quería salirme de mi presupuesto. No quería pedir prestado. Me atormentaba muchísimo la única deuda de mi vida, quinientos francos que más tarde mi marido pagó con buena voluntad. Buscaba trabajo y no encontraba.

Había hecho un retrato de mi portera y lo tenía como muestra en el café del muelle Saint-Michel. Como el parecido no era muy grande corría el riesgo de no tener mucho éxito con esta profesión.

Deseaba leer, pero como no tenía muchos libros y estábamos en invierno y yo debía economizar la leña, traté de instalarme en la biblioteca Mazarino. Yo que soy muy friolenta no podía trabajar allí; más me hubiera valido leer sobre las torres de Notre Dame, pues el frío en aquel local era intensísimo.

También quería perder mi porte de provinciana y ponerme al corriente de las cosas de mi época. Excepto las obras más notables, no conocía nada del arte moderno. Sobre todo tenía sed de teatro.

Sabía muy bien que una mujer pobre no puede disfrutar de esos goces. Balzac decía: "No se puede ser mujer en París si no se tienen veinticinco mil francos de renta".

Sin embargo, veía que mis amigos del Berry, mis compañeros de infancia, vivían en París con muy poco dinero y estaban al corriente de todo lo que interesa a la juventud inteligente. En las calles de París andaba yo como un barco sobre el hielo. No sabía caminar con gracia. Estaba siempre embarrada, cansada, resfriada y veía que mi calzado y mis vestidos se destruían con una rapidez espantosa. Conversando con mi madre, que vivía muy elegantemente con tres mil quinientos francos de renta, le preguntaba cómo podría hacer yo para andar decentemente vestida y poder salir todos los días a la calle. Ella me contestó:

–Cuando yo era joven y tu padre no tenía dinero, determinó hacerme vestir de hombre. Mi hermana hizo otro tanto y salíamos con nuestros maridos e íbamos a todos los espectáculos con esa vestimenta. En esa forma logramos hacer una gran economía.

Esta idea me pareció primero divertida y luego muy ingeniosa. Como yo había estado vestida de varón durante mi infancia y luego había tenido también un traje masculino para cazar con Deschartres, no me pareció raro vestirme nuevamente en esa forma. La moda masculina era muy cómoda. Los hombres llevaban largas levitas que caían casi hasta los pantalones; y marcaban tan poco el talle que mi hermano al ponerse la suya en Nohant, me había dicho riéndose:

–Está de moda y es muy fácil de llevar. El sastre toma la medida sobre una garita y luego puede cortar el mismo modelo para todo un regimiento.

Me hice hacer una levita-garita de género gris con pantalón y chaleco iguales. Con un sombrero del mismo color, y una gran corbata de lana parecía un estudiante de primer año. Tuve gran placer al calzar mis botas; hubiera dormido con ellas, como lo hizo mi hermano cuando las tuvo por primera vez. Con esos tacones me sentía muy firme. Andaba por todo París. Además, mi traje no temía las inclemencias del tiempo. Pude ir a las galerías de todos los teatros. Nadie reparaba en mí ni se daba cuenta de que estaba disfrazada. Mi falta de coquetería desechaba toda sospecha. Hablaba con voz baja y sorda, de modo que mi timbre de mujer quedaba disimulado. Para no llamar la atención como hombre tenía la costumbre de pasar inadvertida como mujer. Aquella fue una época muy pasajera y accidental de mi vida, a pesar de que se ha sostenido que viví muchos años en esa forma; diez años más tarde, mi hijo fue muchas veces confundido conmigo, cosa que le divirtió mucho.

Comía "*chez* Pinson", hotelero de la calle Ancienne-Comedie. Mis amigos se divertían con los sofocones que pasaba este buen hombre al verme vestida ya como mujer o ya como hombre. Recuerdo con cariño a este buen Pinson, que era amigo de sus clientes, que les otorgaba crédito y hasta les ofrecía dinero. Yo, a pesar de deberle muy pocos favores, estoy muy agradecida por todos los ofrecimientos que me hizo.

Mis amigos del Berry habían formado un pequeño club en el cual, por una módica contribución mensual, podíamos leer los diarios y trabajar en un ambiente bastante confortable. Allí también mi traje de muchacho provocaba equivocaciones cómicas.

Un día Emilio Paultre conversó conmigo cuando yo estaba con mi traje gris. Al día siguiente, mientras comíamos "*chez*

Pinson" y estando yo vestida de mujer, llegó Paultre y creyó que el muchacho de la víspera era mi hermano. Opinó que mi hermano parecía demasiado razonable por su edad y que daba la impresión de ser un poco pedante. Cuando más tarde se enteró de que el hermano y la hermana eran una sola persona, no podía creerlo. Desde entonces somos muy amigos.

En el estreno teatral de *La reina de España*, de Delatouche, me presentaron a un señor Rollinat, de La Chatre, con quien conversé de muchas cosas. Se extrañó de no conocerme, por no haberme visto antes en La Chatre. Encontró que yo era notable por mi modo de ser teniendo en cuenta mi edad, pero que estaba un poco flojo en estudios clásicos. Por mi modo de conversar me auguró éxito como escritor y me instó a que completara mis estudios clásicos para poder triunfar en alguna profesión por si fracasaba en el arte.

Poco tiempo después nos pusieron otra vez frente a frente y el señor Rollinat me reconoció, a pesar de mis ropas de mujer. Al verme, saltó sobre sus piernas débiles, aunque todavía ágiles y exclamó:

–¡Oh, qué tonto he sido!

Ese día nos hicimos grandes amigos.

Hablaré especialmente de Francisco Rollinat, hijo de este señor, quien a los 22 años se instaló como abogado en Chateauroux. Su padre le cedió el estudio, creyendo poner en sus manos una fortuna y no dudando de que podría proveer holgadamente a todas las necesidades de la familia con su gran talento y una buena clientela. El buen señor dejó al morir más deudas que fortuna y a su numerosa familia a medio educarse. Francisco llevó esta carga con la paciencia de un buey del Berry. Siendo hombre de imaginación y de sentimientos dedicó su vida, su voluntad y sus fuerzas a su ímprobo trabajo, para cumplir con los compromisos de familia y subvenir a las necesidades de su madre y de sus once hermanos. Nadie ha sabido comprender cuánto sufrió su abnegación con esa profesión que nunca amó y donde su talento debió sepultarse en medio de las triquiñuelas del oficio y las inquietudes del presente y del porvenir.

Entre nosotros se estableció una perfecta amistad. Éramos dos naturalezas afines. Es muy raro que entre un hombre y una mujer la amistad no se vea turbada por otro sentimiento vivo. En general, he tenido mucha suerte en cuanto a mis amistades masculinas y, a pesar de haber merecido muchas burlas, he sabido descubrir almas exquisitas y he conservado su afecto. Debo decir también que como yo no era coqueta y tenía horror a este modo de provocar de las mujeres, del que no se libran algunas de las más honradas, tuve que luchar muy pocas veces contra el amor en la amistad. Además, cuando lo he descubierto, no lo he encontrado ofensivo, porque era serio y respetuoso. Rollinat me hizo el honor de considerarme como un hermano. Yo tenía una preferencia inexplicable por él. Otros como él me han dado muchísimas pruebas de abnegación. Prefiero a Rollinat porque nuestra amistad tiene veinticinco años de vida, es decir, que puedo considerarla como más fundada en la elección que en la costumbre. Con él y por él hice el código de la verdadera y sana amistad, de una amistad a lo Montaigne, una amistad perfecta. Eso pareció primero un convenio romántico y ha durado veinticinco años sin que una sola duda haya turbado nuestra absoluta fe. Otros lazos se han adueñado de la vida entera de cada uno de nosotros. Surgieron afectos más completos, sin que ellos debilitaran para nada la unión inmaterial de nuestros corazones. El ser preferido por uno de nosotros se hacía sagrado para el otro y entraba a formar parte de su amistad. Esta amistad es digna de los más hermosos romances de caballería.

Al hablar de la amistad quiero llegar a esta conclusión: el amor ideal (aún no he hablado de él, porque no le ha llegado su turno) resumiría los más divinos sentimientos que podemos concebir y nada quitaría a la amistad ideal. El amor será siempre un doble egoísmo. Porque trae consigo satisfacciones infinitas. La amistad es más desinteresada, comparte todas las penas y no todos los placeres. Tiene menos raíces en realidad, en los intereses, en los goces de la vida. Por eso es más rara que el amor.

Se puede y se debe amar a todos los amigos que se saben buenos y estimables. El corazón es bastante amplio para poder alojar muchos afectos, y cuanto más sinceros y abnegados sean estos, sentiréis que crecen con más fuerza e intensidad. La amistad ideal prepara admirablemente el corazón para recibir el beneficio del amor ideal.

* * *

Personas mal intencionadas dijeron que en esa época yo había contraído vicios. Mintieron cobardemente: eso es todo lo que puedo contestarles. El poeta no mancha voluntariamente su ser, su pensamiento, su mirada. Sobre todo cuando ese poeta lo es doblemente por su condición de mujer. Aun cuando yo supiera que esta existencia extravagante no tuviera nada de malo, supe que al adoptarla me acarrearía efectos inmediatos con respecto a las personas de mi amistad.

Mi marido no me dio su aprobación ni se interpuso para que yo abandonara este modo de vivir. Mi tía y mi madre procedieron en la misma forma. Las demás personas que conocía debían seguramente reprobar mi actitud. No quise exponerme a ese reproche. Estudié qué amistades me serían fieles y cuáles se escandalizarían. Aparté un buen número de personas cuya opinión me era completamente indiferente. En cuanto a las que yo amaba realmente y de quienes debía esperar alguna reprimenda, me decidí a romper con ellas sin decirles nada.

Nunca había dicho a nadie lo que yo pensaba hacer ni aun yo misma lo sabía bien; y cuando hablaba de escribir, lo hacía riéndome y burlándome de mis proyectos. Sin embargo, parecía que el destino me empujaba. Sentía ese empuje invencible, quería llegar a una situación de libertad moral y de aislamiento poético en medio de una sociedad a la cual pedía que me olvidara y me dejara ganar mi pan cotidiano sin sumirme en la esclavitud.

Quise ver por última vez a mis queridas amigas de París. Fui a mi convento. Estaban allí muy preocupadas por los efectos de la revolución de julio, por la ausencia de alumnas y por la perturbación general a causa de la cual se sufrían consecuencias materiales. Vi unos instantes a mi buena madre Alicia. Estaba muy atareada. Sor Elena hacía ejercicios en retiro. Poulette me paseó por los claustros, por las clases vacías, por los dormitorios sin camas, repitiendo a cada rato: "Esto anda muy mal; esto anda muy mal". La única que me recibió con más cordialidad fue la buena María Josefa. Comprendí que las monjas no pueden y no deben amar con el corazón.

Mi ideal ya no estaba en el convento, sino que lo llevaba por la calle, con los pies sobre la escarcha, con las espaldas cubiertas de nieve, con las manos en los bolsillos, con el estómago un poco vacío algunas veces y con la cabeza completamente llena de sueños, de melodías, de colores, de formas y de fantasmas. Ya no era una señora; no era tampoco un señor.

Después que hube mirado bien y saboreado todos los rincones de mi convento y que hube revivido mis queridos recuerdos, salí de allí diciéndome que nunca más volvería a transponer esa reja, detrás de la cual dejaba mis divinidades sin enojos y mis astros sin nubes; una segunda visita hubiera provocado preguntas sobre mi modo de vivir, sobre mis proyectos y sobre mis disposiciones religiosas. No quería discutir. Hay seres a los cuales se respeta demasiado para contradecirlos y de los cuales uno quiere solamente recibir una tranquila bendición.

Después del convento debía romper también con otro afecto en mi vida. Fui a visitar a mis queridas amigas Jane y Aimée. Ambas se habían casado. Jane era mamá de un chicuelo a quien contemplaba con inmensa ternura. Compartí su felicidad; después de besarla y de besar a su hijo, me separé de ella prometiéndole una pronta visita, pero resuelta a no volver más. Cumplí con mi propósito y me encuentro muy satisfecha. Ambas se habían transformado en condesas y pertenecían a un mundo en el que no hubiera encontrado más que burlas para mi modo de ser y reproches para la independencia de mi espíritu. Yo sabía que mi actitud chocaba con las reglas del mundo. Por eso me apartaba de él, y encontraba bien que él se apartara de mí en cuanto supiera mis excentricidades. Claro que esto no ocurría aún entonces, porque yo era completamente desconocida.

Regresé con tristeza a mi buhardilla y a mi utopía segura de dejar cariños en ese mundo que abandonaba y buenos recuerdos de mí, y satisfecha porque ya no me quedaba ningún otro ser querido con quien romper. Mi rompimiento con la baronesa Dudevant fue pronto. A pesar de que yo le dije que mi marido había consentido mi permanencia en París, estuvo en desacuerdo con esto. Y habiéndose enterado de que yo deseaba escribir, me prohibió poner su nombre sobre la tapa de libros impresos. Entre nosotros no hubo otra explicación. Poco tiempo después salió para el Mediodía y nunca más la volví a ver. El nombre que debía poner sobre las tapas impresas no me preocupaba. Había resuelto permanecer anónima. Una primera obra esbozada por mí fue rehecha enteramente por Jules Sandeau. Delatouche, buen consejero, por cierto, la hizo firmar con el nombre de Jules Sand. La obra atrajo a otro editor, que quiso otra novela con el mismo seudónimo. Yo había escrito *Indiana* en Nohant y quise firmarla con el mismo seudónimo; pero Jules Sandeau, por modestia, no quiso aceptar la paternidad de un libro con el cual no tenía nada que ver. Delatouche arregló de este modo la cuestión. Sand, quedaría intacto y yo tomaría otro nombre para mis trabajos. Tomé el de George porque me pareció sinónimo de Berrichón. Jules y George serían para el público como hermanos o primos.

Quedé, pues, en posesión de mi seudónimo y Jules Sandeau volvió a tomar el suyo al escribir su nombre con todas las letras, porque dijo que no quería adornarse con mis laureles. En esa época era muy joven y estaba muy bien de su parte demostrarse tan modesto. Desde entonces ha dado pruebas de su talento y ha llegado a ser conocido con su verdadero nombre.

Yo conservé, pues, el del asesino de Kotzebue, llegando pronto a ser conocida en Alemania. Tanto que recibí cartas de ese país, de donde me pedían que diera a conocer mi parentesco con Karl Sand. A pesar de la veneración de la juventud alemana por el joven fanático, cuya muerte fue tan hermosa, confieso que no me hubiera gustado elegir como seudónimo ese símbolo del puñal del Iluminismo. Las personas que han creído ver en mí, al seguir firmando Sand, una simpatía en favor del asesinato político, se han equivocado. Nunca he aceptado el asesinato en mis principios religiosos ni en mis instintos revolucionaros. Las sociedades secretas no me han parecido aplicables a nuestra época y a nuestro país. Siempre he creído que de ellas podía salir únicamente una dictadura y nunca he aceptado el principio dictatorial en sí mismo.

Es probable que hubiera cambiado ese seudónimo, de haberlo creído destinado a adquirir cierta celebridad; pero hasta el momento en que la crítica se desencadenó contra mí a causa de mi novela *Lelia*, ya me enorgullecía de pasar inadvertida entre la multitud de escritores, aun entre los más humildes.

En cambio, cuando vi que, a pesar mío, la crítica se ocupaba de mí y atacaba violentamente toda mi obra, hasta el nombre con el cual estaba firmada, mantuve mi nombre y continué la obra. Lo contrario hubiera sido una cobardía. Ahora tengo cariño a ese nombre, aunque sea como se ha dicho, la mitad del nombre de otro escritor conocido. Este, lo repito, tiene bastante talento para que cuatro letras de su nombre no echen a perder ninguna tapa impresa. Me enorgullezco de que este poeta, este amigo, sea mi padrino.

Me bautizaron, oscura y despreocupada como era, entre el manuscrito de *Indiana*, que era entonces todo mi porvenir, y un billete de mil francos, que era en ese momento toda mi fortuna. Fue un contrato, un nuevo casamiento entre el pobre aprendiz de poeta que yo era y la humilde musa que me había consolado en mis penas. ¿Qué es un nombre dentro de nuestro mundo revolucionado y revolucionario? Un número para aquellos que no hacen nada, una insignia o una divisa para los que trabajan o combaten. El que me dieron, lo hice yo sola con mi trabajo. Nunca exploté el trabajo ajeno, nunca tomé ni compré una línea a nadie. De los setecientos u ochocientos mil francos que he ganado en veinte años, nada me queda y hoy, como hace veinte años, vivo día a día, con ese nombre que protege mi trabajo; y de ese trabajo no me he reservado un óbolo. Siento que nadie puede reprocharme nada y, sin estar orgullosa (no he hecho más que cumplir con mi deber) mi conciencia tranquila no cree que tenga nada para cambiar en el nombre que la designa y la personifica. Mas antes de relatar estas cosas literarias, debo resumir ciertas circunstancias que las precedieron.

Mi marido venía verme a París. No vivíamos juntos, pero él comía en mi casa y juntos asistíamos a los espectáculos. Parecía satisfecho con este arreglo que, sin discusiones ni disgustos, nos había puesto en posesión de nuestra libertad. No me pareció que encontrara tan agradable mi retorno a Nohant. Con todo, hice soportable allí mi presencia al no criticar, ni cambiar ninguna de las disposiciones que él había tomado durante mi ausencia. En efecto, yo ya no estaba en la casa. El cuarto de mis hijos y mi celda contigua a aquel eran terreno neutro, donde podía acampar, y si muchas cosas me disgustaban fuera de allí, nada decía. Algunos amigos pensaron que yo no hubiera debido tomar tal determinación. No sé luchar en favor de un interés personal. Todas mis dificultades y todas mis fuerzas se ponen al servicio de un sentimiento o de una idea; pero en cambio cuando se trata únicamente de mí, abandono la partida. Para contrariar y perseguir a alguien se debe tener un motivo más grave que el ejercicio de sus propios derechos. En mi casa no ocurría, aparentemente, nada que pudiera hacer sufrir a mis hijos. Solange se iría conmigo. Mauricio, durante mi ausencia, vivía con su preceptor, Julio Bencoiran. Nada me hacía sospechar que este estado de cosas no podría durar y si no duró no fue por culpa mía. Cuando me establecí con Solange en el muelle Saint-Michel, además de experimentar el deseo de volver a mis costumbres naturales, que son sedentarias, la vida en general se hizo tan trágica y sombría que debí experimentar su contragolpe.

El cólera se propagó entre los barrios que nos rodeaban. Llegó rápidamente hasta nosotros, subió de piso en piso por la casa que habitábamos, hasta que se estuvo en la puerta de nuestra buhardilla, como si hubiera desdeñado tan débil presa.

Con mis compatriotas y amigos del Berry convinimos encontrarnos todos los días en el jardín de Luxemburgo y cuando uno faltara a la cita había que acudir inmediatamente en su busca. Era un espectáculo horrible ese convoy continuo que pasaba bajo mi ventana y atravesaba el puente Saint-Michel. En ciertos días los carros de mudanzas, transformados en coches fúnebres para los pobres, se sucedían sin interrupción y lo más espantoso no era el ver esa cantidad de muertos, unos sobre otros, sino la ausencia absoluta de amigos y parientes detrás de los carros; los conductores apresurando el paso, jurando y castigando a los caballos; los transeúntes alejándose espantados de ese trágico cortejo... Yo había pensado en escapar a Nohant, a causa de mi hija; pero todo el mundo decía que el traslado era muy peligroso y también yo pensaba que si el contagio ya había llegado hasta nosotros, era mejor no llevarlo a Nohant.

En medio de esta crisis siniestra ocurrió el drama desgarrador del claustro Saint-Merry. Estaba, al caer la tarde, en el jardín de Luxemburgo con Solange. Yo sabía que en París reinaba gran agitación; pero no pensaba que tan pronto llegaría hasta mi barrio; no me di cuenta de que todos los paseantes habían desaparecido rápidamente. Oí descargas, y alzando a mi hija me encontré sola en medio del jardín y observé tropas que lo atravesaban de un extremo a otro. Tomé el camino de mi buhardilla, por entre las callejuelas, para no ser arrastrada por la multitud de curiosos que, después de haberse agrupado en el puente, se precipitaban huyendo presas del pánico. Solange, asustada, gritaba.

Cuando llegué al muelle, entré rápidamente en mi casa, sin ver qué ocurría y sin tener miedo, porque no sabía aún lo que era la guerra en las calles. No relataré el acontecimiento que se desarrollaba entonces. Yo escribo únicamente mi historia particular. Lo único que me preocupaba era consolar a mi pobre hijita, enferma de miedo. Le dije que la gente estaba matando murciélagos, como lo había visto hacer a su padre y a Hipólito en Nohant y conseguí calmarla. Se durmió al son de las descargas. Puse un colchón de mi cama contra la ventana de su cuarto para impedir el paso de alguna bala perdida que pudiera llegar hasta allí y pasé parte de la noche en el balcón, tratando de comprender lo que ocurría a través de las tinieblas. Se sabe lo que pasó en ese lugar: diecisiete insurrectos se habían apoderado del puesto del puente del Hôtel-Dieu. Una columna de guardias nacionales los sorprendió durante la noche. "Quince de esos desgraciados", dice Luis Blanc (en *Historia de diez años*), "fueron despedazados y arrojados al Sena. Dos fueron apresados en las calles vecinas y ahorcados."

No vi esta escena atroz, que se desarrolló en las sombras de la noche, pero escuché los clamores furiosos y los estertores formidables; luego, por toda la ciudad se extendió un silencio de muerte. Ruidos alejados atestiguaban que aún duraba la resistencia por algún otro lado. Por la mañana se pudo circular e ir en busca de los alimentos para el día. Al ver la cantidad de fuerzas desplegadas por el gobierno, uno no podía convencerse de que se trataba tan solo de reducir a un puñado de hombres decididos a morir. Es cierto que una nueva revolución podía surgir de este acto de heroísmo desesperado; el Imperio para el duque de Reichstadt y la monarquía para el duque de Burdeos o si no, la República para todo el pueblo. Como sucede en estos casos, todos los partidos habían preparado este acontecimiento y codiciaban el resultado del mismo; pero cuando se demostró que la ventaja que se obtendría del mismo era la muerte en las barricadas, los partidos se eclipsaron y el martirio de los héroes se realizó ante un París consternado por tal victoria.

Pasé el otoño en Nohant; allí escribí *Valentina*.

El invierno fue tan frío en mi buhardilla que reconocí la imposibilidad de escribir en ella si no quemaba más leña que lo que mis finanzas me permitían. Delatouche dejaba su buhardilla, que estaba también sobre los muelles, con la diferencia de que esta se encontraba en el tercer piso y daba al Mediodía, sobre unos jardines. Era más amplia, más confortablemente arreglada y tenía lo que yo codiciaba desde hacía tiempo: una chimenea a la prusiana. Me cedió su contrato y me instalé en mi nuevo alojamiento. Al poco tiempo llegó Mauricio, a quien su padre acababa de poner en el colegio.

Me encuentro ya en la época de mis primeros pasos por el mundo de las letras. Ha llegado el momento de hablar de las relaciones que había entablado y de las esperanzas que me habían sostenido.

Aleksandra Kollontai

La mujer moderna

Aleksandra Kollontai nació en San Petersburgo en 1872 y murió en Moscú en 1952. Militante feminista y marxista, durante la Revolución rusa fue la primera mujer de la historia en estar al frente de un ministerio en el gobierno de una nación. Tras la toma del poder en 1917, fue elegida para el Comisariado del Pueblo para la Asistencia Pública en el primer gobierno de Lenin (*Sovnarkom*). Fue una de quienes más trabajaron para conseguir derechos y libertades para las mujeres, modificando aspectos de las leyes que hacían a la mujer una subordinada del varón, le negaban derecho al voto, la obligaban a trabajar en peores condiciones que los hombres.

Escribió una decena de libros y centenas de artículos, varios de ellos muy tempranamente traducidos al castellano, desde fines dc la década de 1920.

El problema de la existencia de un nuevo tipo de mujer, es decir, de la mujer moderna, es un tema de palpitante actualidad. Pero ¿existe en realidad este nuevo tipo de mujer? ¿No será, acaso, un producto de la imaginación creadora de los literatos, siempre en busca de novedades sensacionales? Y, en caso de que exista, ¿cómo es y quién es esta mujer moderna?

Para convencernos de su existencia basta mirar en torno nuestro. Un breve análisis, una no muy detenida reflexión, es suficiente para convencernos de que la mujer del nuevo tipo es alguien que vive, que encontramos en la realidad.

La mujer moderna actúa a nuestro lado, fácil es conocerla; nos hemos acostumbrado a verla, y la encontramos con gran frecuencia en la vida, en todas las clases sociales, lo mismo en la obrera que entre las mujeres entregadas al estudio de las ciencias, en la modesta empleada y en la artista genial. Lo más sorprendente es que esta mujer nueva, que está presente cada día con mayor frecuencia en todas las manifestaciones de la vida, no aparece en la literatura con sus rasgos propios, como heroína, hasta en las novelas de los últimos tiempos. La vida de las últimas décadas ha forjado, en el pesado yunque de la necesidad vital, una mujer de tipo psicológico completamente desconocido hasta ahora; una mujer con nuevas

necesidades y emociones. Mientras que la literatura continuaba presentándonos mujeres del viejo tipo; mientras los
literatos se esforzaban en dibujar tipos de mujeres del pasado, que la vida hacía desaparecer, la realidad rusa del período
comprendido entre 1870 a 1880 producía figuras del nuevo
tipo de mujer que nacía a la vida, llenas de luminosidad y
encanto. Pero los escritores pasaban por su lado sin sentir-
las ni oírlas; eran incapaces de asimilárselas y distinguirlas...
Turguenev es el único escritor que se ha atrevido a rozar estas
figuras con su pincel suave; pero las imágenes que nos presenta son mucho más pálidas, mucho más pobres que la realidad. Solo en el poema en prosa dedicado a la muchacha rusa
es donde Turguenev se inclina ante la conmovedora figura de
la mujer que se ha atrevido a franquear el umbral sagrado.

Las mujeres heroicas, cuyos nombres han quedado gra-
bados en las páginas de la Historia, fueron seguidas por una
muchedumbre de desconocidas que perecieron como abejas
en un panal destrozado. Sus cadáveres sembraron el camino
pedregoso que lleva al santo, al deseado porvenir. El número de mujeres del nuevo tipo aumentaba, se multiplicaba en
el transcurso de los años, pero los escritores y los poetas pasaban por su lado sin verlas, como si una espesa venda les
cubriera los ojos. La mirada del escritor, aprisionada por los
tipos tradicionales de mujer, no podía penetrar ni comprender la nueva realidad que pasaba ante sus ojos. La literatura
evolucionaba, se perfeccionaba y seguía nuevos derroteros;
enriquecía sus medios de expresión con nuevos matices y
palabras; pero, en cambio, continuaba obstinada en presen-
tarnos débiles criaturas engañadas, mujeres abandonadas

entregadas al dolor, esposas ávidas de venganza, seductoras hembras, almas "sin voluntad no comprendidas", y encantadoras jovencitas puras y sin personalidad.

En la misma época en que Flaubert escribía *Madame Bovary*, vivía a su lado en carne y hueso George Sand, la más luminosa precursora del nuevo tipo de mujer que despertaba a la vida.

Tolstoi estudiaba la psicología estrecha y limitada de la mujer, producto de la esclavitud de que ha sido víctima en el transcurso de los años, en *Ana Karenina*; se complacía en acariciar la imagen encantadora de la inofensiva Ketty; jugaba con la ardiente naturaleza de mujer de Natacha Rostova, mientras a su lado la implacable realidad encadenaba duramente a las mujeres del nuevo tipo en formación, cuyo número crecía sin cesar. Los grandes talentos del siglo XIX no sintieron la necesidad de sustituir la gracia seductora de sus heroínas por las cualidades características de la nueva mujer en formación. Los escritores más modernos de los últimos diez o quince años, particularmente las mujeres escritoras, son ya los que no han podido dejar pasar en silencio el nuevo tipo femenino que se afirmaba en torno de ellos: la mujer nueva queda al fin grabada en las páginas de sus últimas obras.

Actualmente el nuevo tipo femenino no es ya una novedad sensacional. Lo encontramos en la novela de tesis "de vanguardia" en que se estudia un complicado problema y también en la narración modesta, en la narración sin pretensión literaria alguna.

El tipo de mujer nueva va, como es natural, de un país a otro. La clase social a que pertenecen estas nuevas mujeres les imprime igualmente un sello particular. También pueden variar considerablemente los rasgos psicológicos, los deseos y la finalidad vital de la heroína. Pero por muy diferentes que se presenten ante nosotros estas mujeres del nuevo tipo, es cierto que encontramos en todas ellas un rasgo común, algo que podemos considerar "racial" y que nos permite diferenciarlas inmediatamente de las mujeres del pasado. Las mujeres del pasado veían el mundo de una manera distinta y reaccionaban ante él en otra forma; tomaban la vida de un modo igualmente distinto. No hace falta poseer conocimientos especiales históricos o literarios para reconocer la fisonomía de la mujer del nuevo tipo en medio de la densa muchedumbre de mujeres del pasado que la rodean. No siempre nos damos cuenta de cuáles son esos nuevos rasgos, ni en qué consiste la diferencia; pero es un hecho evidente que, en alguna parte, en la región de lo subconsciente quizá, tenemos nuestro juicio ya plenamente formado, mediante el cual sabemos clasificar y determinar los nuevos tipos femeninos.

Determinemos, pues, quiénes son estas mujeres que constituyen el nuevo tipo femenino. Desde luego no son las encantadoras y "puras" jovencitas cuya novela terminaba con un matrimonio feliz, ni las esposas que sufren resignadamente las infidelidades del marido, ni las casadas culpables de adulterio. No son tampoco las solteronas entregadas toda su vida a llorar un amor desgraciado de su juventud, ni las "sacerdotisas de amor", víctimas de las tristes condiciones de la vida o de su propia naturaleza "viciosa". No; estas mujeres son algo nuevo, es decir, un quinto "tipo de heroína" desconocido anteriormente; heroínas que se presentan a la vida con exigencias propias; heroínas que afirman su personalidad; heroínas que protestan de la servidumbre de la mujer dentro del Estado, en el seno de la familia, en la sociedad; heroínas que saben luchar por sus derechos. Representan un nuevo sexo. Son mujeres "célibes", denominación la más apropiada que podemos dar a este nuevo tipo de mujer.

El tipo esencial de la mujer del próximo pasado era "la esposa", la mujer solo resonancia, instrumento, complemento del marido. La mujer del nuevo tipo "célibe" está bien lejos de ser una resonancia del marido; ha cesado de ser un simple reflejo del hombre. La mujer "célibe" posee su propio mundo interior, vive entregada a intereses humanos generosos; es independiente exterior e interiormente. Hace veinticinco años, una definición de esta clase hubiera carecido de sentido, hubiera sido considerada vacía de significado. Los cuadros eran sencillos y definidos: la jovencita, la madre, la "literata", la amante o la mundana, del género de Elena Kurakin, en la novela *Guerra y Paz*, de Tolstoi. Estos tipos eran moneda corriente, clara y comprensible. Para la mujer "célibe" no quedaba sitio en la literatura ni en la vida.

Cuando la Historia producía mujeres con rasgos semejantes a los de las heroínas contemporáneas, eran consideradas como desviaciones puramente accidentales de la norma, como verdaderos fenómenos psicológicos.

Pero la vida no puede permanecer inmóvil y la rueda de la Historia, al girar cada vez con ritmo más acelerado, obliga a los hombres de una misma generación a aceptar nociones diferentes, les hace enriquecer su vocabulario con un material nuevo. El nuevo tipo de mujer, la mujer "célibe" desconocida de nuestras abuelas y hasta de nuestras mismas madres, es en nuestra época un hecho real, un ser vivo con existencia propia.

Las mujeres del nuevo tipo, las mujeres "célibes", son esos millones de figuras envueltas en trajes grises que se mueven desde las primeras horas del alba en interminable fila desde los barrios obreros a los almacenes, a las fábricas y estaciones, que llenan los trenes y tranvías, camino del trabajo. Las mujeres "célibes" son esos miles de muchachas o de mujeres ya maduras que en las grandes ciudades hacen aumentar las estadísticas de hogares independientes. Son las muchachas y mujeres que sostienen una sorda y continua lucha por la vida, que pasan toda su existencia sentadas ante la mesa de la oficina, junto a los aparatos telegráficos y detrás del mostrador de las tiendas. Las mujeres "célibes" son esas jóvenes de alma alegre que, con la cabeza llena de sueños y proyectos audaces, se atreven a llamar a la puerta de los templos de la ciencia y del arte; son las que, con paso firme, casi masculino, recorren las calles de la ciudad en busca de una lección, mal retribuida o de algún trabajo ocasional. Se encuentra a la mujer "célibe" sentada ante la mesa de trabajo, en el laboratorio entregada a un experimento científico, en los archivos hojeando libros, cumpliendo con el trabajo de su clínica o dedicada a preparar un discurso político.

Estas figuras no se parecen en nada a las heroínas del próximo pasado, a aquellas seductoras y conmovedoras mujeres de Turguenev, de Chejov, a las heroínas de Zola y Maupassant, a los tipos femeninos de virtud impersonal de la literatura inglesa y alemana de 1880, y hasta de la última decena del siglo XIX. La vida es la creadora de estas mujeres nuevas, que la literatura refleja después.

Como una larga cinta de abigarrados colores, se despliega ante nosotros la vanguardia de las heroínas del nuevo tipo femenino. A la cabeza, sin detenerse ante la espesa barrera que forman las zarzas espinosas de la realidad contemporánea, avanza con tranquilo paso, valiente y resuelta, la obrera Matilde.[1]

Las zarzas del camino de la vida hacen sangrar las manos y los pies de Matilde, y desgarran su pecho. Pero su semblante endurecido, templado en las desgracias y el sufrimiento, no expresa la menor vacilación.

* * *

Solo unas arrugas amargas se pliegan más profundamente al lado de la boca; únicamente su mirada invenciblemente desafiante brilla con una expresión más fría. Un nuevo dolor, un nuevo destello de alegría, de esa rara visitante del mundo obrero, pasan por Matilde sin conmoverla. Envuelta en su chal gris, se mantiene firme, valiente e invencible, como estatua de la tristeza. Solo sus ojos fijos en lo desconocido ven un lejano porvenir en el que cree. Templada su alma por precoces choques con la vida, Matilde va a la ciudad, alegre, joven, rebosante de salud. Llama a la puerta de la fábrica y entra en el taller. El monstruo de ladrillo se ha tragado una nueva víctima. Pero Matilde no tiene miedo a

---

1   *Matilde*, novela de Karl Hauptmann.

la vida. Con paso seguro y confiado, se deshace de los lazos que el destino burlón tiende a la joven que camina sola, sin rumbo. El lodo y las bajezas de la vida no manchan su limpio vestido. Matilde conduce con inquebrantable fe, con ignorancia ingenua, su "yo" humano, claro y puro, a través de la vida. No es más que "una joven obrera, sola y pobre"; pero se siente orgullosa de ser lo que "es", satisfecha de su fuerza interior y de su independencia.

Viene después el primer amor, tierno y claro como la misma juventud, y la primera alegría de la maternidad. La primera sensación de dependencia amorosa, la tímida "rebelión" por la libertad perdida. Después la inquietud de una nueva pasión ardiente como el estío. Los sufrimientos y los tormentos del amor: deseo, dolor y decepción. Otra vez la maternidad y, de nuevo, el abandono. Pero ahora no tenemos ante nosotros una muchacha abandonada, "perdida", un pobre ser oprimido, sino toda una individualidad; madre digna, sola y encerrada en sí misma. La personalidad de Matilde crece, se hace más fuerte. Un nuevo dolor no es más que una nueva página en su vida, que revela con mayor claridad su "yo" poderoso e invencible.

Al lado de Matilde camina con paso suave Tatiana, la muchacha de Riasan, con los pies desnudos, curtidos y agrietados por el calor y el mal tiempo. Tatiana camina con los vagabundos sin asilo, sin hogar como ella. "Pedazo de cobre entre un montón de chatarra carcomida por el orín." Unas veces trabajando en Maikope durante la siega; otras vagando sin rumbo por las orillas de Don, con una cuadrilla de compañeros del azar, de hombres al acecho de una modesta ganancia.

Tatiana marcha con ellos, libre como el viento, solitaria como la hierba de la estepa. Nadie la quiere. nadie la defiende. Mantiene una lucha cara a cara. Cuerpo a cuerpo. Continua e interminable con el destino que, implacablemente, la atormenta. Para las mujeres del tipo "célibe", como Tatiana y Matilde, ya no queda ternura en el mundo; para ellas solo asperezas les reserva la vida.

Tatiana tampoco se doblega a los latigazos de la vida. En su alma lleva profundamente escondido el sueño de un futuro terrenal, de inocencia transparente, como un día de verano sin soplo de viento. Tatiana camina por el mundo en busca de la dicha; pero esta, como si quisiera mofarse de ella, se aleja cada vez más. Y la dulce y soñadora Tatiana de Riasan, ávida de vida, tan ardientemente confiada, solo recoge las sobras de unas pocas alegrías que le proporciona la tierra.

Un caminante conmueve su alma, la hace llorar, la anima, y ella se entrega a él llanamente con toda sinceridad, como solo se entregan estas mujeres solitarias y "célibes" por necesidad, estas obreras nómadas, para arrancar a la vida sus pequeñas alegrías terrestres. Sin embargo, Tatiana se niega a unir su vida a la del caminante cruzado en su ruta: "Eso no es para mí; yo no quiero. Si tú fueras un campesino, quizá; pero así no tiene sentido. No se mide la vida por una hora, sino por años".

Y Tatiana, con una dulce sonrisa por adiós, parte en busca de su sueño de dicha; parte con sus pensamientos, como si estuviera sola en el mundo, y como si le estuviera destinada únicamente a ella la tarea de crearlo por completo de nuevo.

Así caminan Matilde y Tatiana, abriéndose paso a través de las zarzas de la vida, despejando con el pecho y las manos el camino nuevo hacia un porvenir ansiado. Detrás de ellas vienen, siguiéndolas de cerca, las mujeres del nuevo tipo, pertenecientes a otras clases sociales, deseosas de alcanzar el camino abierto. Las espinas las enganchan y las hieren; sus pies, no acostumbrados a caminar sobre afiladas puntas, se cubren de llagas, y sus huellas quedan marcadas con rojos hilillos de sangre. Pero no es posible detenerse; una muchedumbre compacta, cada vez más densa, avanza por la nueva ruta que se extiende sin límites. ¡Desgraciadas las débiles! Inmediatamente son arrojadas al borde del camino por las filas apretadas que apresuran su marcha. Las vencidas que se han aventurado a lanzar una mirada hacia el castillo gris de la esclavitud del pasado, continúan con la cabeza baja su marcha a la sombra de la nueva ruta.

Entre la densa muchedumbre de mujeres que caminan por la nueva senda, podemos encontrar heroínas de todas las nacionalidades y de todas las clases sociales. En primera fila se destaca la fina silueta de la actriz Magda,[2] la muchacha orgullosa de su arte, de sus luchas y de su audaz lema: "Yo soy yo, y todo lo que soy se lo debo a mi esfuerzo". Magda ha sabido vencer las tradiciones de un hogar burgués de una pequeña ciudad provinciana; se ha atrevido a lanzar un reto a la moral burguesa. Mantiene su gesto de orgullo, ella que ha "pecado" en la casa paterna, en su "tierra". Magda conoce todo lo que vale su individualidad y defiende inflexible su

2 Suderman: *La Patria.*

derecho a ser lo que es. "Elevarse por cima del pecado vale mucho más que la pureza que predican."

Llena de resolución entra en el nuevo camino la audaz e inteligente Olga, arrancada del seno de una familia judía de costumbres tradicionales. Después de vencer una serie de obstáculos se ve lanzada en el torbellino de la vida de una gran ciudad europea. Olga forma parte de un círculo intelectual selecto, "la crema de la sociedad". Ante ella desfila la vida, llena de atractivos, de un centro cultural capitalista. En su lucha por la vida, en lucha contra el paro forzoso de los intelectuales, en la lucha para la afirmación de sí misma como individualidad humana y como mujer, Olga vive como viven miles de muchachas intelectuales en una gran ciudad civilizada, una vida de soledad y trabajo. No teme a la vida y pide con audacia al destino su parte de dicha personal. Olga siente que el hombre que ama está muy cerca y muy lejos de ella. Sus destinos se cruzan en un momento. Pero fundar una vida común no corresponde a sus intereses individuales. El amor no es más que una parte de su vida intensa y múltiple. La pasión palidece, se extingue; el amor muere también. Se separan. No tenemos ante nosotros, una vez más, a la débil muchacha abandonada, sino toda una individualidad que ha bebido la copa del placer en la que el vino estaba mezclado con veneno. Olga es más fuerte que el hombre por ella elegido. En sus horas de tristeza, incluso en aquellas de desengaño amoroso, él corre en busca de Olga, que ha sabido seguir siendo su única amistad fiel. En la vida complicada de Olga, rica en acontecimientos y luchas, la novela de amor no constituye más que un "episodio".

Entre la muchedumbre de mujeres nuevas, erguida la hermosa cabeza, se adelanta, con paso seguro Lansovelo,[3] la mujer médico, heroína típica de mujer "célibe". Su vida toda está dedicada a la ciencia y a la práctica de la medicina. Las salas de la clínica son, a la vez, templo y hogar. Ha conquistado, por parte de sus colegas masculinos, la estimación y el reconocimiento de su valor, y ha sabido rechazar con dulzura, pero con obstinación, sus proposiciones matrimoniales. Lansovelo necesita la libertad y la soledad para consagrarse de lleno al trabajo, sin el cual no podría vivir ni respirar. Ante esta figura de "mujer emancipada", vestida sobriamente, cuya vida está dividida en horas de trabajo, lucha por el ejercicio de su profesión, y triunfos de amor propio al emitir un diagnóstico exacto, el lector se siente sobrecogido por una corriente de frialdad. Pero, de repente, como escena observada casualmente, la doctora se nos revela en otro aspecto completamente distinto. Han llegado las vacaciones y Lansovelo descansa en el campo con "su amigo", médico como ella. Allí se nos revela la mujer; allí reina su "yo" femenino. Sus vestidos son vaporosos y claros, su risa alegre. No esconde "sus amores". Si en París no vive con su amante es porque les resulta más "cómodo" a los dos para su trabajo profesional.

Dejando atrás a la doctora, corre la ardiente Teresa,[4] toda fuego y pasión. Teresa es una socialista austríaca, una valiente propagandista. Ha estado en la cárcel, trabaja con toda su

3   Colette Ivert: *Princesas de la ciencia.*

4   Schnitzler: *Camino de la libertad.*

alma por el partido. Pero cuando se apodera de ella la pasión, Teresa no renuncia a este resplandor que alegra la vida, no se envuelve hipócritamente en el manto destejido de la virtud femenina. Todo lo contrario. Teresa tiende la mano al hombre elegido y parte con él por varias semanas para beber hasta la última gota del placer y con vencerse de su profundidad. Cuando Teresa se da cuenta de la vulgaridad que encierra, la rechaza sin remordimientos ni amargura. ¡Pobre Teresa! Para ella, como para la mayoría de sus camaradas masculinos, el amor no puede ser más que una etapa, un alto momentáneo en el camino de la vida. El fin de su existencia, todo su contenido, son el partido, sus ideales, la propaganda y el trabajo.

Agnes Petrovna, otra mujer nueva, una de las primeras heroínas rusas del tipo "célibe", elige la nueva ruta de la vida después de madurada reflexión. Agnes es escritora y secretaria de redacción; es, "ante todo, una mujer que ama el trabajo". Ante su mesa de trabajo, cuando en su mente se forja un pensamiento, una idea nueva, nada ni nadie existen para Agnes. "No podría compartir estos momentos con nadie", dice, "por eso necesito mi libertad. Ningún amor podrá hacerme perder esta libertad." Pero cuando Agnes vuelve a su casa desde la redacción y cambia su sencillo vestido de trabajo por una cómoda bata, le encanta sentirse "solamente mujer" y experimentar el influjo de sus atractivos sobre el hombre. No busca en el amor el contenido y el fin de la vida, sino solo lo que es corriente en los hombres: el reposo, la poesía, la luz. Agnes no reconoce, ni al hombre amado, ni el menor derecho sobre ella su "yo".

"Pertenecer a un hombre como una cosa, entregarle la voluntad y el corazón, consagrar toda la inteligencia y todos los esfuerzos para hacer su felicidad, conscientemente, esto quizá pueda hacer a una mujer feliz. Pero ¿por qué dedicar todos esos esfuerzos a un hombre solo?... Si es preciso olvidarse de sí misma, yo no lo haría por un hombre, no le procuraría a él únicamente una buena comida y un suelo tranquilo; lo haría también por otros muchos desgraciados." Y cuando Miatlev quiere atentar contra la libertad de Agnes, cuando exige que elija entre su amor y el trabajo, Agnes considera su unión rota, y los caminos de su vida se separan.

Sin prisa, con cierta vacilación y duda, sigue a Agnes otra figura, no tan completa, de la mujer del nuevo tipo "célibe". Vera Nikodinovna[5] pertenece a la antigua generación con un ligero matiz de modernismo. Vera es una mujer "con un pasado" terminado de una manera "terriblemente banal" y que ha dejado una huella sombría en su alma. No es precisamente la "necesidad fisiológica" la que ha arrojado a la razonable y más bien fría Vera en brazos del hombre. "Nadie se puede imaginar qué lejos estaba mi acción de la sexualidad, qué lejos estaba de dejarme llevar", declara Vera a su joven amiga. Algo distinto la ha impulsado. ¿Sed de maternidad? Quizás es solo el deseo de encontrar un alma cercana a la suya, un ser capaz de comprenderla; peligroso anzuelo en el que se dejan atrapar hasta las mujeres del tipo "célibe", en las cuales predomina la facultad razonadora. Después de "aquello" Vera se ve asediada por hombres que la desean;

5   Potapenko, En la niebla.

pero evita acercarse a ellos, aunque mantiene sus esperanzas por un hábito heredado de las generaciones pasadas. La "seducción" es la especialidad de Vera. Sin embargo, se aleja del pasado al mantener ante todo su libertad. Fuera del "coqueteo" de salón, Vera es una mujer-individualidad de trabajo y pensamiento.

Con su sonrisa triste, pasa también la dulce figura de la tuberculosa Mary.[6] A continuación, taconeando con sus zapatos desgastados, corre en busca de trabajo la pequeña Talía,[7] intrépida luchadora. Detrás de ellas se oye la risa mezquina de la ligera Annette,[8] pobre de espíritu, especie de parodia del tipo de mujer "célibe". La heroína de Sangar, Anna,[9] se abre paso con ingenuidad brutal en el camino nuevo. Cogidas de la mano caminan Mira, Lydia y Nolly.[10] Cada una de ellas, interesante en sí por algo "sagrado" que no es solo cualidad propiamente femenina. Hasta la pequeña Lydia, insignificante en apariencia, posee vanidad y ambiciones. Cuando se presenta el amor, cuando su naturaleza de mujer les plantea sus exigencias, todas estas muchachas franquean el umbral prohibido a las jóvenes solteras, sin el miedo sentimental a sí mismas que sentían las mujeres del pasado. Arrastradas por los múltiples intereses de la vida, el amor no es para todas estas mujeres más que una melodía iniciática.

6   Wimitchenko, *En la balanza de la vida*.

7   Ídem.

8   Ídem.

9   Sangar, *Notas de Anna*.

10   Grigoriev, *El ocaso*.

Mientras acaricia nuestra mirada con la finura de su alma, como tejida enteramente de suaves tonos, camina dulcemente, evitando las piedras puntiagudas, la actriz de variedades, Renée.[11] Con las ilusiones rotas y el corazón herido, deja a su marido y lanza un reto al mundo, que hasta entonces le había pertenecido. Toda su vida está ahora en el arte, en la danza, en las pantomimas que ella sabe crear. Una vida errante, fatigosa, consagrada al trabajo. No va en busca de aventuras; las rehúye porque su corazón ha sufrido demasiado. La libertad, la independencia y la soledad constituyen el contenido de todos sus deseos individuales. Sin embargo, cuando Renée se sienta junto a la chimenea de su hogar solitario después de una jornada de duro trabajo, experimenta la sensación de que la melancolía de la soledad, con sus fríos ojos, ha penetrado en la habitación y se ha instalado detrás de la butaca en que está sentada.

"Estoy acostumbrada a vivir sola", anota en su diario, "¡pero hoy me siento tan solitaria! ¿No soy libre, independiente?... Sí; pero terriblemente sola." En esta queja hay algo de la mujer del pasado acostumbrada a escuchar en torno de ella voces conocidas y amadas, a sentirse rodeada de una ternura que le es necesaria. Así, cuando Reneé encuentra en su camino un amor obstinado, se deja prender en él, envuelta en el vacío cada vez más profundo en el que vive. Pero la pasión no la ciega, no turba su cerebro, acostumbrado al análisis.

"Únicamente son mis sentidos los atacados", declara en un arrepentimiento lleno de melancolía. "No siento más delirio

11   Colette Willy: La vagabunda.

que el de los sentidos." Renée vuelve a ser lo que era. El nuevo amor no le ha dado lo que su alma buscaba. En los brazos del amado se siente tan sola como antes. La "vagabunda" huye, huye de su amor, huye porque esta pasión está muy lejos, no tiene la menor relación con las exigencias delicadas del amor.

La carta de despedida de Renée al hombre que abandona es un documento revelador de la mujer contemporánea, de las nuevas exigencias que este tipo de mujer plantea a la vida.

Detrás de Renée pasa la heroína de Bennet,[12] una mujer escritora. Un anhelo de éxtasis, de adoración, la lleva a los brazos de un gran músico; pero esta pasión solo sirve para encontrarse a sí misma, para afirmar su personalidad, para revelar su talento de escritora y enfrentarse con la vida con más calma, con mayor reflexión, de un modo más consciente. Algún tiempo después, cuando un nuevo amor se le acerca, no huye asustada como lo hubieran hecho las heroínas de las viejas novelas inglesas, por considerarse una mujer indigna, "perdida ", sino, todo lo contrario, sale sonriente a su encuentro.

Llena de ardor se adelanta la inquieta, la apasionada Maia,[13] la de espíritu irónico. Todos los acontecimientos de su vida no son más que etapas en busca de sí misma, en el desenvolvimiento de su personalidad. La lucha con su familia para conquistar la independencia; la ruptura con su primer marido; un corto idilio con un héroe oriental; un segundo matrimonio, lleno de complicaciones psicológicas; la lucha ardiente en el alma de Maia entre la mujer del

12   Bennet, El amor sagrado.

13   Grete Meisel, La voz.

75

"pasado" y la nueva mujer que vive dentro de su ser; otra vez la ruptura y de nuevo la búsqueda, hasta que encuentra el hombre que sabe respetar "su voz" interior, símbolo de la personalidad, el hombre que reconoce su valor y puede crear esa unión amorosa interiormente libre con la que Maia ha soñado durante toda su vida.

La vida de Maia está llena de complicaciones psicológicas y de acontecimientos diversos. Lo que desde muy pronto hubiera agotado a una mujer del pasado, la traición del hombre amado, la ruptura con sus dos maridos, no sirve a Maia más que de "lección", gracias a la cual puede examinarse y comprenderse mejor a sí misma. De una manera inconsciente sigue Maia el consejo de Goethe: "Comenzar todos los días la vida de nuevo como si realmente comenzase...". "Mi fuerte e inquebrantable voluntad, que nada ha podido romper, es la que me ha salvado. Mi voluntad de conservación inconsciente, como la mano de un ángel de la guarda, me ha conducido por la vida", dice Maia. La mujer del tipo nuevo, independiente, libre en su interior, tiene que luchar continuamente con una tendencia atávica que la pone en peligro de convertirse en "sombra del marido", en su eco. Son bien conocidos los esfuerzos ingenuos y conscientes de la mujer para "adaptarse", incluso interiormente, a los gustos del hombre amado; para "corregirse", según el ideal de su elegido. Como si por sí misma no tuviese la mujer ningún valor, como si su personalidad solo se midiese por la actitud de los hombres hacia ella. Es este rasgo atávico de la mujer el que ha hecho que personalidades tan magníficas, luminosas y seductoras como la de George Sand se hayan visto tentadas unas veces a abandonar la tierra con el entusiasta Musset, y otras a renunciar al vuelo hacia el mundo estrellado de la creación artística. Pero la fuerte individualidad de George Sand era la que ponía límite a estas experiencias. Llegaba un momento en que George Sand sentía que comenzaba a perder su personalidad, en que como consecuencia de la adaptación, la mujer en ella, Aurora Dudevant, acabaría por devorar, por aplastar al audaz, al rebelde, al ardiente soñador, al poeta George Sand. Entonces se rehacía repentinamente desde su altura y rompía implacablemente con la antigua unión. Cuando en su alma había madurado esta decisión, no había fuerza humana, ni siquiera su propia pasión, capaz de torcer la voluntad de esta fuerte personalidad. Cuando Aurora Dudevant, en un sombrío otoño, deja su morada para celebrar una última y breve entrevista con su amante, una vez adoptada la decisión de romper con él, no sentimos miedo por George Sand, porque sabemos que la entrevista no podrá hacerla cambiar de resolución, porque acude a ella como último tributo a la agonizante pasión que George Sand arroja a la sollozante Aurora. La etapa ha concluido. Un punto termina el episodio.

La Maia de Meisel-Hess es, naturalmente, mucho más pequeña y débil que George Sand. Pero en ella también se descubre el deseo de adaptarse a los deseos del hombre amado, y la tendencia atávica a renunciar a sí misma, a desaparecer, a disolverse en el amor, que choca con la personalidad humana que se ha desarrollado y se presenta en ella de un modo determinado. En el momento preciso, Maia sabe también como rehacerse y partir para salvar su "voz".

Aun para la mujer de nuestros días es muy difícil librarse de esta facultad de la mujer, formada en el transcurso de centenares de siglos, de asimilación al hombre que el destino le ha dado por "amo". ¡Cuán difícil es convencerse de que para la mujer es también un crimen renunciar a sí misma, aun en favor del hombre amado, en nombre del amor!

Al lado de Maia camina, con paso firme, la ambiciosa Outa, la de calculadora razón; Outa es actriz, pero consagra toda su vida a dar un valor y ornato a su "yo", que para ella es lo mejor de todo el mundo. Parece que solo ama al arte porque es un medio de desenvolver y revelar con mayor grandeza y variedad su fuerte personalidad. Hay en Outa como una reacción natural ante la secular humillación de la mujer, una protesta contra su renuncia al derecho de ser una personalidad con valor propio.

Una fuerte y apasionada ambición, una razón calculadora, un inmenso egoísmo y un excepcional talento de actriz, le hacen rechazar a la mujer Outa a un lugar oscuro. Pasa indiferente al lado de la dicha personal, al lado de la devoción infinita de Klodt. Aprecia este amor porque le place contemplar su reflejo como si se mirara en un espejo. Cuando Klodt, impulsado por su desesperación, atormentado por su indiferencia, la traiciona, Outa llora; pero no es la mujer la que siente la ofensa, sino la artista, que expuesta a las miradas de todos sufre porque su adorador se ha atrevido a dejarla por una rival. Es por su orgullo herido, y no por el amor humillado por lo que Outa solloza. Esta mujer sigue siempre hasta el fin fiel a sí misma. A través de la vida le acompaña su alma fría y la adoración a su "yo". Precisamente porque carece del "fuego sagrado" que alienta en los grandes artistas es derrotada por una mujercita indiferente y apasionada, la fina e inteligente Ouda, "gran" artista en la comprensión del arte, pero a la que falta la pasión creadora.

Entre la muchedumbre de mujeres nuevas pasa la artista Tania, a la que la vida reserva todas sus caricias. Tania es una mujer casada y, sin embargo, pertenece al tipo de mujeres "célibes", lo mismo que Maia, la casada tres veces. Este aspecto de su vida corresponde en absoluto a su fisiología. Por lo demás, Tania, que vive bajo el mismo techo que su marido legal, continúa siendo, como antes de casarse, una individualidad libre, independiente. Tania frunce las cejas cuando su marido la presenta a sus amigos como su mujer, sin designarla por su nombre de soltera.

Marido y mujer viven en su propio mundo. Ella consagrada al arte y el dedicado a la investigación científica. Constituyen una pareja de buenos compañeros unidos por lazos espirituales sólidos, que no impiden su mutua libertad.

La clara atmósfera en que viven se rompe por la ciega pasión física que Tania siente por el hermoso macho Stark. Tania no ama en Stark su fisonomía espiritual, su alma: Tania ama en Stark el "eterno masculino" que la ha arrastrado hacia él desde su primer encuentro. Para Tania no tiene ningún interés la vida espiritual del hombre amado. Lo mismo que para los hombres, aún los más modernos, no tiene importancia el alma de la mujer amada apasionadamente. Cuando una Ana, una Maia o una Lisa lanzan al hombre amado el reproche habitual, "Yo quiero tu alma, que nunca me entregas...", el hombre se siente desconcertado. La actitud de Tania con respecto a Stark tiene, por tanto, algo de masculino. Sentimos que la personalidad de Tania es más fuerte, está más desarrollada que la de su amado. Tania es demasiado humana, demasiado poco "hembra" para que una pasión desnuda pueda satisfacerla; reconoce que la pasión que siente por Stark empobrece y seca su alma, en vez de enriquecerla. Es característico de estas mujeres como Tania que en las horas en que la embriaguez de la pasión se disipa, no sufren tanto con el pensamiento de una infidelidad hecha al marido como ante la imposibilidad de conciliar su pasión con el trabajo paciente y metódico que constituye su vida. La pasión devora sus energías y le roba el tiempo que debe consagrar al trabajo; la pasión pone trabas a su libre trabajo creador. Tania siente que comienza a perderse a sí misma y a perder además lo más preciado para ella en la vida. Tania se va; Tania vuelve al lado de su marido, no impulsada por un sentimiento de lo que debía ser su "deber", sino para salvar su personalidad.[14] Al lado de Stark acabará por perderse a sí misma; se va de su lado llevando un hijo de él en su seno, y cuando la pasión no se ha extinguido todavía. ¿Qué heroína de novela de los buenos tiempos pasados hubiera tenido el valor para obrar como Tania?

Tania tiene que enfrentarse con el mismo dilema que la Ellida de Ibsen, una de las primeras mujeres del nuevo tipo

14   La novela debería terminar aquí. Todo lo que sigue, el resto de sus amores con Stark, es completamente artificial. En esa Tania que se amolda a las circunstancias, que reniega de su arte, que se convierte totalmente en un objeto de placer para Stark, no podemos reconocer a la antigua Tania, de personalidad valiente y entera. Es lamentable que el autor haya calumniado a su Tania de esta forma.

psicológico. Cuando el "hombre del mar" exige a Ellida que se vaya con él, ella se queda al lado de su marido, que le ha dado plena libertad para decidirse. Ellida se queda, consciente de que así podrá conservar su libertad interior, que perdería al lado del "hombre del mar". Se da cuenta de que está amenazada de la más terrible esclavitud para una mujer: la esclavitud de la pasión. Comprende la superioridad de quien tiene sujeto entre las manos su corazón de mujer.

Josefa,[15] la de alma firme, fuerte de espíritu, se abre el camino de la vida modestamente. Avanza entre las zarzas que obstruyen todavía los bordes de la ruta. Prepara la senda hacia la independencia económica de las mujeres de clase burguesa. Josefa inicia el camino hacia las profesiones liberales. Con paso indeciso va tanteando la nueva senda la fina y prudente Christa Rouland,[16] deliciosa figura espiritual de mujer que despierta, que interroga al mundo con grandes ojos extraordinariamente abiertos, que busca la "verdad nueva"; figura de mujer que por primera vez se da cuenta de sí misma de una manera consciente. "Yo soy yo y tú eres tú, y solo en el amor podemos fundirnos", es su divisa.

La heroína de Yuchkevitch, la extraña y acongojada Elena,[17] pasa tímidamente al borde del camino con los ojos todavía cerrados a la "verdad nueva", mientras procura ocultar la tragedia de su alma, su gran tristeza humana, incomprensible hasta para ella misma. Elena no es una mujer del

15   Ilsa Frapan, *Trabajo.*

16   Hedwig Dohm, *Christa Rouland.*

17   Yuchkevitch, *Salida del Círculo.*

tipo "célibe". No es una mujer nueva; los rasgos del viejo y nuevo tipo se funden en ella en complicado nudo. Un pujante y acusado "eterno femenino", equilibrado por el espíritu, por un "yo" humano, que se plantea serios problemas. Su dulce alma de mujer, cariñosa, amante, está llena de contradicciones femeninas, y hasta de mentiras de esclava, mientras que su espíritu rebelde, investigador, en un continuo interrogarse, hace de Elena una figura de mujer del tipo nuevo. Yuchkevitch ha sabido pintar a su heroína con tonos suaves; ha expresado su imagen con tanto cuidado y cariño, como si temiese quebrar con una palabra esta delicada alma de mujer, que se pierde a sí misma en la tragedia de su espíritu. Entre la multitud de mujeres nuevas se destaca Renata Fuchs[18] "alma rebelde" que ha sabido conservar la pureza de su alma en medio de la vergüenza y el fango.

El semblante de Renata está penetrado de una calma majestuosa; en sus brazos de muchacha soltera descansa un niño, que será un "hombre nuevo". Al lado de Renata camina la heroína de Grent Alllena[19] que, llena de orgullo, lleva de la mano a su hijita, hija ilegal, fruto de una unión que de manera "demostrativa" ha rechazado la forma legal. Con expresión atareada apresura su marcha al laboratorio María,[20] la de la clara sonrisa, que ha encontrado la armonía de la vida. Con la cabeza en alto la prostituta Mylada[21] mantiene en medio

---

18   Wassermann, *Renata Fuchs.*

19   Grent Allena, *La mujer que se ha atrevido.*

20   Winnichenko, *En la balanza de la vida.*

21   Else Jerusalen, *El escarabajo sagrado.*

del fango de la vida que la rodea su "misión sagrada". La socialista revolucionaria Anna Siemenovna[22] sabe sobreponerse a su propia pasión, escondida tras la máscara de "mujer coqueta". La estudiante inglesa Fanny,[23] que se burla de los prejuicios, se desliza también por la nueva ruta con paso ligero, sin desgarrar sus vestidos frágiles en las fiestas de la vida. La imagen de la estudiante del lejano norte Anna Mahr[24] nos saluda también al pasar. Las heroínas de Bjornson, de Jonas Lie, las hijas del comandante Jakobsen, de Loffler, quieren también entrar en la nueva senda. Llena de inquietudes avanza indecisa Jenny,[25] como si escuchara aún en su alma la voz de la mujer del pasado. Como la Tania de Nadgrodskaia, Jenny abandona al padre del hijo que espera temerosa de que la maternidad haga mucho más fuertes los lazos que empiezan ya a aprisionarla. Continúa audaz su camino; pero la voz de mujer del tipo viejo le recuerda el pasado, despierta en ella sentimientos y concepciones ya olvidados. Jenny detiene su marcha, mira hacia atrás y desfallece...

Pero a su lado pasan figuras siempre nuevas de mujeres que despiertan, que se rebelan, que buscan el nuevo camino. La dulce y encantadora silueta de Francoise Houdon,[26] la que sabe sentir un amor-amistad por Christophe y una pasión por otro; la de temperamento de fuego, ambición insaciable

22   O. Rounow, *Lucha.*

23   Bernard Shaw, *La primera obra de Fanny.*

24   Hauptmann: *Solitarias.*

25   S. Undset: *Jenny.*

26   Romain Rolland, *Jean Christophe.*

de artista, voluntad de hierro y alma sensible y delicada. A su lado el tipo lleno de vida y tan real, de la trabajadora Cecilia,[27] la de las fuerzas equilibradas, que ignora que en su tranquila "conquista" está contenida toda la "verdad nueva". La sufragista Julia France,[28] la emigrada rusa Mara Anine,[29] la muchacha judía que logra los derechos de ciudadanía norteamericana y lucha hasta conquistar una posición segura, y así todas las heroínas de Rikarda Huch,[30] Gabriela Reuther, Sarah Grande y hasta las heroínas del mundano Marcel Prevost.[31]

27 Romain Rolland, *Jean Christophe*.

28 G. Aterton, *Julia France y su época*.

29 Marie Antine, *La tierra prometida*.

30 Por ejemplo: Rosa de *Vita Omniun Breve*.

31 La mayoría de los autores citados en esta reseña son mujeres. Muchas de sus obras carecen de verdadero valor artístico; pero nos ofrecen un punto de vista incomparablemente más exacto para el fin que nos proponemos demostrar en estas páginas que las obras de los escritores masculinos, superiores en general por su valor literario. Casi todas las novelas escritas por las mujeres contienen trozos puramente biográficos, que son precisamente los que mayor interés tienen para nosotros. Aquellas obras que reflejen sin artificio la verdad de la vida, las que nos descubran de una manera más exacta la psicología de la mujer contemporánea, sus dolores, sus problemas, sus deseos, contradicciones, complicaciones y tendencias, son las que mejor nos sirven para enriquecer nuestro estudio del nuevo tipo de mujer en formación. Desde que las mujeres escritoras han dejado de imitar ciegamente los modelos creados por los hombres, y se han atrevido a descubrir los misterios del alma femenina que hasta ahora habían permanecido ocultos incluso para los artistas más geniales, desde que las mujeres escritoras han empezado a expresarse en su "propia lengua" sobre los problemas de la "mujer", sus obras, aunque carezcan algunas veces de la belleza exterior de la creación artística, tienen un valor y una significación especial. En suma, todos estos trabajos nos ayudan a conocer a la mujer "célibe", a la mujer del nuevo tipo en formación.

Son tantas las heroínas del nuevo tipo, que es completamente imposible citarlas en este breve estudio. Precisamente el hecho de que sean tantas las mujeres que pertenecen a este nuevo tipo, que crece todos los días con nuevas fuerzas, aunque algunas de estas nuevas figuras aparezcan bajo una forma banal y en literatura de folleto, es signo de que la vida crea y forma sin cansarse el nuevo tipo de mujer.

La mujer nueva trae consigo algo que nos es completamente extraño, que a veces llega incluso a repugnarnos por su originalidad. Contemplamos y buscamos en este nuevo tipo de mujer los rasgos queridos y conocidos de nuestras madres y abuelas. Ante nosotros se alza, cubriendo totalmente el pasado, un mundo de emociones, de sentimientos, de necesidades, completamente nuevo. ¿Dónde encontrar la encantadora sumisión femenina, la dulzura de nuestras mujeres del pasado? ¿Dónde ha ido a parar aquel talento especial para "adaptarse" al matrimonio, para saber desaparecer incluso ante un hombre insignificante, para cederle siempre el primer puesto en la vida?

Tenemos ante nosotros a la mujer-individualidad, una personalidad que tiene valor propio, con un mundo interior suyo, una personalidad que se afirma, es decir, en suma, a la mujer que arranca las enmohecidas cadenas que aprisionaban a su sexo.

Lou Andreas-Salomé

Entre la gente

Lou Andreas-Salomé nació en San Petersburgo en 1861 y murió en Gotinga, Alemania, en 1937. Amiga y discípula de Nietzsche y Freud, escribió más de 25 libros, entre ellos varios sobre su relación con Rilke y con Paul Rée, además de novelas, ensayos, tomos de correspondencias y memorias.

Se transcriben fragmentos de *Mirada retrospectiva. Compendio de algunos recuerdos de vida.*

Para resumir lo que Rusia fue para mí en mis primeros tiempos y más adelante, me he saltado por lo pronto los años que quedaban entre medio, que me llevaron a tratar con gente de otros países. Pero en parte se debe también a que la multiplicidad del trato personal y de las impresiones individuales sobre cada persona estorban al placer del relato. A cada momento se siente una ante la alternativa: o ahondar en tanta profundidad y extensión que se termina tocando cosas de más esencia de lo que conviene o, en la prisa, sucumbir al peligro de caer, con enfatizaciones apresuradas y acuñaciones casuales, en aquella "cháchara sobre gentes" en que consiste la mayoría de nuestros juicios. De todas maneras, la información se impone límites a sí misma en la medida en que se trata de alguien de quien se llegó a estar verdaderamente cerca. Porque ¿qué significa, a fin de cuentas, proximidad humana? Un encuentro que alcanza más allá de lo que habíamos dado por sabido: una de aquellas citas de incalculable valor que no caen ya dentro de lo exactamente constatable. Lo que de realmente comunicable queda, solo llega a serlo, en parte, a través de aquel modo indirecto de expresión en el cual los elementos poéticos colaboran: en el fondo de su esencia estaría, por vivido, ya hecho poesía. Por eso, la primera docena de años, más o menos, que siguieron a mis tiempos de soltera quedan aquí sin demasiada locuacidad, si bien no dejaron de pasearme muy animadamente entre la gente. Muchos fueron los que pasaron a mi lado, porque así lo quería aquel tiempo; mi mirada tuvo acceso a muchos de sus acontecimientos y figuras, en tanto que habitualmente mi predilección por el retraimiento iba solo de individuo en individuo, como de diálogo en diálogo. Luego de conservar, en los primeros tiempos, la vivienda de soltero de mi marido, en Berlín-Tempelhof, pasamos más tarde a ocupar, allí mismo, una casa situada en medio de un jardín y entre los olmos, casa cuya arquitectura interior había tenido la intención de ser magnífica, haciendo luego crisis sin llegar a rehacerse, motivo por el cual la daban en alquiler por muy poco dinero. Vivíamos casi exclusivamente en el piso principal; habitaciones tan grandes que me recordaban a mi casa y a mis zapatillas de baile, una biblioteca gigantesca, dos habitaciones revestidas en madera que daban a una amplia terraza, con grandes armarios empotrados, de manera que apenas si tuvimos que completar con algunas piezas nuestro escaso mobiliario. Vivíamos, pues, en las afueras al sur de la ciudad, desde donde una tartana –y en invierno un trineo– ponía en contacto con Berlín, por un *groscben*, a los habitantes de Tempelhof. Pero en las afueras vivían también por aquellos años las mayoría de nuestras amistades: entre los primeros, Gerhart Hauptmann, en Erkner, con María, su mujer, y tres hijitos: Ivo, Ecke y Klaus; también allí, Arne Garbor y Hulda Garbor, la encantadora rubia pajiza. En Friedrichshagen estaban Bruno Wille, Wilhelm

Bölsche y los dos hermanos Hart, que pronto trajeron tras de sí una larga cola de gente, Ola Hansson-Marholm, August Strindberg y muchos otros, con quien uno se topaba ocasionalmente en el "Schwarzes Ferkel" de Berlín. Todavía recuerdo la primera reunión en nuestra casa, en la terraza rodeada de flores y el comedor que quedaba detrás, veo a Max Halbe, todavía muy delgado y juvenil, junto a su pequeña novia, que miraba como un espíritu, a Arno Holz, a Walter Leistikow, a John Henry Mackay, a Richard Dehmel, que todavía renegaba de su nombre, y muchos otros. Antes del amanecer los había reunido a todos en una convicción; con su naturalismo irrumpiendo irresistiblemente, la primera obra de Gerhart Hauptmann había traído, en medio de la más desatada indignación, también algo de aquello con lo cual la tendencia había de triunfar: el sobrio matiz lírico, a pesar del carácter aún doctrinal del drama y de sus barbaridades, que provocaban al buen burgués.

Mientras que en mis tiempos de soltera Paul Rée, no sin intención, había evitado precisamente los círculos literarios habituados a la bohemia, y nuestro trato se había reducido casi exclusivamente a los científicos, la situación cambió ahora por completo. Todavía no me había interesado especialmente la literatura en cuanto tal (los rusos solo en un sentido diferente al literario), no estaba "cultivada" en ella, ni siquiera en su anterior período rosa, contra el cual se desataba ahora esta briosa campaña. Pero lo que con más fuerza conmovía era lo humano: el ímpetu alegre, la conmovida juventud y la confianza que ante nada se arredraba, que para predicar el nuevo espíritu escogía los temas más melancólicos y siniestros. También arrastró tras de sí a los viejos, como se sabe de Fontane; también capituló Fritz Mauthner, con quien yo solía conversar a menudo ahora que nos habíamos mudado de Tempelhof a Schmargendorf, desde donde un camino nada largo llevaba hasta su casa en el Grunewald. La fama de Hendrik Ibsen en Alemania ayudó, y mucho; mi marido me había dado a conocer sus obras, aún no traducidas, leyéndolas en noruego y vertiéndolas al alemán simultáneamente. Surgieron las dos "Tribunas libres", una de las cuales logró imponerse, y Brahm pasó, con Ibsen y Hauptmann, a la cabeza de una lucha cada vez más exitosa. De aquella época proviene mi larga amistad (duró hasta la guerra mundial) con Maximilian Harden –cofundador de la "Tribuna libre". Junto a Gerhart, el doctor Carl Hauptmann, hasta entonces aspirante a filósofo, se fue calentando para el drama. Otto Hartleben colaboraba con ahínco, las fuerzas jóvenes dejaban sus ambiciones científicas por las literarias, políticas. Recuerdo muchas horas de discusión o de concordancia en veladas pasadas con Eugen Kühnemann, que por entonces no parecía todavía dispuesto a desembocar en la carrera universitaria. Entre los que eran más próximos, el que cobró la más fuerte significación humana para mí fue Georg Ledebour; estas líneas lo saludan.

Por aquella época ya teníamos la segunda casa en Schmargendorf, directamente en el lindero del bosque, tan ridículamente pequeña esta vez, que por mucho tiempo pudimos arreglárnoslas sin servidumbre; luego marché a París –en 1894–, donde, al paso de la alemana, se estaba operando la misma revolución literaria. Fue por el tiempo del asesinato de Carnot, en todas partes se participaba de las cosas políticas, y en la Cámara tuve ocasión de oír personalmente a Millerand y a Jaurès. Por afinidad con la "Tribuna libre" surgieron el "Théâtre Libre" de Antoine, y la "Oeuvre" de Lugné-Poe; para la "Hannele" de Hauptmann, creada en Berlín por Paula Conrad, que después fue esposa de Schlenther. Antoine llevó a un éxito clamoroso a una pobre chica de la calle, pequeña y pálida (y sin embargo el lenguaje afectaba la poesía de Hauptmann, cuando, por ejemplo, para el "Fliederduft" alemán, Hannele tenía que decir: *"je sens le parfum de lilas"*). La figura más conmovedora de Hannele la vi más tarde en Rusia: conmovedora porque contenida en una estilización ingenuo-bizantina del cielo y del Salvador. En París: la misma comunidad vivaz del trasiego literario, de los intereses ante los cuales solo se mantenía en oposición, a la expectativa, la generación de más edad. En la fundación de la nueva editorial que Albert Langen emprendió con el danés Willy Grétor conocí a Knut Hamsun, que por aquel entonces tenía el aspecto de un dios griego; la colonia escandinava estaba fuertemente representada, aun antes de que Albert Langen entrara a formar parte de ella con su matrimonio en la familia Björnson. Al comienzo viví con una danesa amiga, Therese Krüger. Con un recuerdo especialmente vivo pienso en Herman Bangs, que vivía en Saint-Germain y, aunque constantemente enfermo, era capaz de un borboteo interior. Todavía vive en mí, casi textualmente, una conversación en la cual me describió, estremecido, lo aterrador que le resultaba el comienzo del trabajo poético, y cómo de vez en cuando saltaba hasta la ventana, por si afuera hubiese algún tipo de distracción que viniese en su ayuda. Formalmente saltaba a la vista el apremio con que en el proceso artístico se vuelven a desprender materiales profundísimos, desplazados al inconsciente, para una transformación sobre la cual pesa el miedo del tránsito. Por más que supiera de la enfermedad crónica de espalda que Herman Bangs padecía, no podía verlo después sin figurarme involuntariamente que, incluso en lo físico, era una tal figura de transición desde lo atemorizado a la redención productiva. Quien sienta hasta qué punto sus libros (como *La Casa Blanca* y *La Casa Gris*) están construidos desde la proximidad del recuerdo, barruntará también el susto que acompañó a su nacimiento.

Un compañero diminuto me acompañaba a todas partes: un perrito de aguas negro como el pez –un "Toutou" todavía en la infancia–; tengo olvidado de dónde vino. Cuando volvía yo a mi cuarto tarde por la noche, se erguía derecho como una vela en la canastilla donde dormía y me traspasaba con una mirada de desconfianza, como preguntando dónde habría andado yo sin su compañía. Durante el día, los disgustos me los causaba su afición a "las manzanas que no lejos del caballo caen" (esta magnífica variante de cita proviene de una escritora por desventura "inédita"). Mi perrito "Toutou" salía entonces corriendo por la calle, donde, en vez de la infinidad de autos, había todavía carruajes verdaderamente deslumbrantes, y con su manzana –excesivamente grande, en el hociquillo desmesuradamente abierto– se me escapaba como una pulga negra a través de las gigantescas plazas y avenidas, para devorarlo a cubierto detrás de cualquier esquina. ¡Y yo tras él! Pero no solo yo, sino en no pocas ocasiones, toda clase de transeúntes que, con su espontáneo "Oh là là, le joli Touton", se abalanzaban sobre él, y sobre su botín, como él seguramente temía.

Con quien más tiempo pasé en París fue quizá con Frank Wedekind. Pero más adelante. Porque por lo pronto, luego de conocernos en casa de la condesa húngara Nemethy y terminar con otras personas y al filo de la madrugada nuestra animada conversación en un restaurante de sopa de cebolla frente a Les Halles, surgió entre nosotros un malentendido wedekiniano, que él posteriormente relató a otras personas con la más conmovedora franqueza y sin el menor miramiento para consigo mismo (y que yo elaboré alguna vez literariamente, como relleno para un relato). El sitio más seguro para encontrarlo, por lo demás, eran los cafés del Quartier Latin, donde por las noches garrapateaba versos sobre las pringosas mesas de mármol: predecesores de las Canciones Patibularias que vinieron después, como por ejemplo la plañidera: "Yo descuarticé a mi tía, y mi tía era débil y vieja / pero vosotros, jueces sanguinarios, perseguís mi juventud". Wedekind tenía auténticas manos de descuartizador, pero también atributos verdaderamente tiernos, extremadamente tiernos. Sin medios y sin techo por aquel entonces, se sentaba entre las grisettes (que a la sazón ya no se llamaban así), no sin la esperanza de que alguna de ellas –al cerrar el café y luego de que su bolsita estuviera lo bastante llena– se lo llevara bondadosamente a casa, para obtener un sitio donde dormir, un desayuno por la mañana y un poquito de atención. Pero también en otros lugares se podía encontrar a Frank Wedekind, por ejemplo allí donde me llevó, no sin orgullo y para mi mayor alegría, y donde pasaba tardes enteras: en el más mísero cuchitril del París más pobre, en casa de una sesentona, la viuda de Georg Herwegh, que padecía hidropesía y a quien él le llevaba una cena cuidadosamente escogida.

Si uno daba en París en visitar los locales nocturnos del Quartier Latin o de Montmartre, por lo general con uno o dos conocidos de la prensa, era sobre todo porque las putitas seguían siendo interesantes por dos motivos: por un lado, por su espontaneidad y liberalidad de ánimo, que no solo colocaba su profesión en el campo de lo permitido, sino que las engarzaba con todo lo humano, haciendo desaparecer la vergüenza del propio desprecio y la clandestinidad; al mismo tiempo, sin embargo, a las más de ellas las caracterizaba esa vieja proximidad a la cultura, impregnada en el mismo suelo y patrimonio de todo el pueblo –en el tacto y en la conducta–, y que es también lo que hace que en este país valga la pena departir con gentes de "las más bajas capas" encontradas al azar. Igual cosa ocurre también con las capas "superiores": en ninguna otra parte puede la mujer estar tan segura de encontrarse con una delicada cortesía, aunque se halle de noche en apuros por la calle y frente al hombre más desconocido; porque al parisiense se le caería la cara de vergüenza de no comportarse como caballero a la altura de una situación, y más aún de interpretarla mal. Junto a esta impresión, sin embargo, se me afirmaba no menos la de que conviene dejar ahí las cosas; que poco hay que llame a llegar a un conocimiento más cabal; que aquí el gesto cultural, envejecido y consolidado, ha vertido ya, por así decirlo, demasiado de lo interior al exterior como para conservar todavía un fondo no dilapidado. Para mí, exactamente la impresión opuesta que en Rusia. Después de Berlín, París era la segunda metrópolis extranjera en que yo vivía por un tiempo largo, y cada una de las experiencias se me destacaba con precisión sobre el trasfondo de las anteriores: la magia inexpresable de su madurez se me antojaba como la de una querida siempre acicalada de nuevo, rodeada aún, tras el brillo de su juventud, de alhajas que ni herrumbre ni polillas devoran.

Durante una de mis visitas al Louvre, hice por el camino una amistad callejera sin importancia que ahora me dan ganas de contar. Era una alsaciana ya entrada en años, llamada Madame Zwilling, que trabajaba de florista para mantener a su hijo, enfermo de tuberculosis dorsal. Una tarde, al visitarlos en su cuchitril, encontré que la habían traído desvanecida desde la calle, entre sus grandes canastas de flores primaverales que acababa de ir a buscar a Les Halles, y decidí vendérselas rápidamente. Conmigo estaba Sophie, Baronesa von Bülow, que lo aprobó vivamente: nos disfrazamos aprisa con el traje alsaciano de la señora Zwilling, y antes de las dos y media de la madrugada, frente a los cafés del Quartier Latin que tan familiares me eran ya, llevamos al cliente hasta la última flor, con buena propina. También en esta ocasión pude constatar la manera irreprochable con que la gente de sexo masculino se ocupaba de las dos vendedoras, sorprendentemente nuevas para ellos, que destacaban por su gran estatura entre las pequeñas y delicadas francesas (Sophie era todavía más alta que yo), y a quienes constantemente llamaban para interrogarlas, llenos de comprensión. Solo algunos días más tarde nos enteramos, por algunos señores de la prensa, lo cerca que habíamos estado de pasar la noche en prisión preventiva, por falta de cualquier tipo de permiso para ejercer.

En la colonia rusa me hice amiga de un joven médico exiliado, que había sido deportado a Siberia como sospechoso del asesinato de Alejandro II, había soportado cuatro años de trabajos forzados, y huido, por último, a París. Savelii, que tenía una salud de hierro (con su refulgente dentadura era capaz de arrancar de las paredes los clavos más reacios), me puso en contacto con todo el círculo de los rusos. Cuando, luego de medio año, el sol estival comenzó a maltratarnos demasiado, Savelii y yo nos escapamos a Suiza, embutidos en un tren barato de vacaciones; detrás de Zurich trepamos un poco por la montaña y nos instalamos en una choza alpina donde vivíamos de leche, queso, pan y bayas. Solo de vez en cuando repetíamos subida y descenso a Zurich para calmar, cada uno con porciones dobles meticulosamente pagadas por anticipado en cualquier mesa de hotel, nuestra hambre canina (ocasión en la cual me topé con Wilhelm Bölsche, de la gente de Berlín, así como en París a Hartleben y a Moppchen). En mi recuerdo del idilio alpino, sin embargo, el papel principal recae sobre un episodio minúsculo: cómo una vez, descalzos –ya que así andábamos siempre allá arriba sobre el suave tapiz–, caímos en una bajada, sin darnos cuenta, sobre un prado de zarzamora rastrera. No quedaba ya mucha luz, no teníamos la menor idea de en qué dirección estaría la salida más próxima, y cada paso y cada parada nos arrancaban aullidos de dolor. Al paradisíaco suelo de nuestras suaves alfombras volvimos bañados en lágrimas.

En los minutos que pasamos en medio de las zarzamoras se despertó en mí algo así como una idea antiquísima –¿o un recuerdo?–: como si ya hubiese hecho yo esta experiencia de caer, cruelmente entregada a la vida, desde la delicia primigenia. Un momento vivido repentinamente de nuevo. La imagen volvió a desaparecer mientras nos limpiábamos riendo las humedades del rostro, y también la sangre de los pies, bajo las alegres palabras de Savelii: "También tendríamos que ir nosotros a pedirles disculpas a la zarzamora, y no solo al revés: por haberlas pisoteado en vez de besarlas con los labios". Algo en mí agregó confiado: "Sí. ¿Porque *todo* lo malo del mundo acaso no viene precisamente de *ese* malentendido?". La risa y la rabia se espantaron mutuamente, hacia nuevas osadías, hacia nuevos destinos de zarzamora.

Al cabo de pocas semanas estábamos de vuelta en el torbellino de la ciudad de impar belleza, dejando admirar nuestro bronceado, que todavía no era moda. Desde entonces, y hasta bien entrado el otoño, pasé todavía junto a muchos seres humanos e impresiones nuevas, que tampoco dejé pasar de largo. Pero luego llegó la hora en que algo o alguien parece hacerme seña, una noche cualquiera, y tengo que marcharme. Nunca he llegado a averiguar de modo inteligible por qué y cuándo sucede, aunque haya estado disfrutando de lo que me rodeaba con todos los sentidos y con toda mi alma. Algo no invitado se desliza en su lugar y da muestras de impaciencia. Es poco probable que me acordara de la noche de mi regreso a Alemania, con la claridad suficiente como para reproducirla, si no fuese porque hace poco tiempo llegó a mis manos una carta, banal por lo demás, escrita en

Schmargendorf el 22 de octubre de 1894, y que una escritora amiga mía conservaba:

"Hace ya tres semanas y más me escabullí de París, inesperadamente para mí y para todos, en secreto y sin decir adiós. Y así, sin dar aviso, llegué también aquí, igualmente en plena noche. Dejé el equipaje en la estación, cogí un coche y me vine luego andando por el camino silencioso, a través de los campos oscuros, hasta el pueblo. El paseo fue hermoso y extraño; sin ver nada, sentía el otoño en el caer de las hojas y en lo tempestuoso del viento, y me gustaba; en París era todavía 'verano'. Todo dormía en la aldea, solamente en la habitación de mi marido brillaba la potente lámpara que necesita para utilizar los libros de las estanterías superiores. Desde la calle podía reconocer claramente su cabeza. En la puerta, como siempre, estaba metida la manilla; entré con sigilo. En eso la perra Lotte se puso a ladrar a voz en cuello –me reconoció por los pasos–; entretanto se ha transformado en un verdadero monstruo de grasa y cuadratura, solo nosotros la seguimos encontrando maravillosa como siempre. Esa noche no nos fuimos a dormir; cuando comenzó a clarear, hice fuego en la cocina, limpié la lámpara que humeaba, y me escabullí al bosque. En los árboles colgaba todavía la espesa niebla de la mañana, y un corzo moteado se deslizó sin ruido a través de los pinos. Me quité los zapatos y las medias (cosa que no se puede hacer en París), y me puse muy contenta."

La única mujer de cuya amistad íntima gozaba en aquellos años era Frieda, Baronesa von Bülow, con la que ya había trabado conocimiento en Tempelhof. En 1908 me la arrebató su temprana muerte, cuando comenzaba los cincuenta. Durante mi temporada en París regresaba precisamente de su segunda estancia en el África oriental alemana y vino a verme; allí también la esperaba su hermana, aquella Sophie Bülow con quien había vendido las flores de Madame Zwilling. Otro año me acompañó a Rusia, a visitar a mi madre y a mis hermanos, de entre los cuales Eugène hizo profunda amistad con ella. De sus propios hermanos, tres habían muerto de muerte violenta: dos hermanos menores y Margarethe von Bülow, que ya se había dado a conocer como escritora y que, al intentar salvar a un muchacho que se ahogaba, fue a dar bajo la capa de hielo. Por naturaleza, Frieda tendía a la melancolía, a pesar de su voluntad virilmente robusta y de su impulso vital, que la habían llevado en su juventud al África oriental, en la época de los éxitos de Carl Petersen. A esta mezcla de cansancio y energía para la acción solía ella llamarla su parte en un viejo y cansado linaje, que terminaría, por último, en la nostalgia de la sumisión y la entrega.

También en Viena –en 1895– pasamos juntas varios meses, cuando, desde Petersburgo, volví allí por primera vez. Por el círculo de literatos berlinés conocíamos ya el correspondiente círculo vienés; con Arthur Schnitzler había intercambiado ya varias cartas desde París; también ahora ocupaba el lugar de privilegio; más tarde me vi enérgicamente apartada de él, en otra dirección. Por aquel entonces vivía de los éxitos decisivos de sus amoríos, y en torno de él se agrupaban Richard Beer Hofmann, Hugo von Hofmannstahl –todavía muy joven, en el uniforme de húsares de su servicio militar–, Felix Salten y otros, con quienes –fuera del trato directo– uno podía encontrarse casi todas las tardes en los cafés, por ejemplo en el Griensteidl, y trabar conocimiento con la vida intelectual vienesa en sus formas de expresión más características. Yo vivía junto a la Catedral de San Esteban, en un hotel grande y muy bueno, dos cuartitos minúsculos en los altos del edificio anexo, arreglados con todo primor; por las horas de charla que allí pasamos, estos dos cuartitos y yo misma fuimos a parar a las páginas del primer libro de Peter Altenberg, *Como yo lo veo*. Si tuviera que escribir la atmósfera vienesa en comparación con la de otras metrópolis, diría que en aquel entonces me pareció caracterizada primordialmente por la confluencia de la vida intelectual con la erótica: lo que en otros lugares distingue, digamos, entre el vividor y los hombres de profesión o intelectuales, encontraba aquí una gracia capaz de incorporar a la "dulce muchacha", e incluso a las muchachas únicamente dulces, a un erotismo de superior categoría, y que disolvía a su vez hasta la más seria entrega a la profesión intelectual en un comportamiento que restaba algo de filo a la pura ambición. Al lado de la concurrencia de amor y ambición quedaba también espacio libre suficiente para su reparto entre las amistades masculinas, que con ello ganaban una forma especial y, según me pareció, especialmente selecta. Arthur Schnitzler participaba en alto grado de aquello: quizá fuese ese uno de los puntos más luminosos de su forma de vivir, ensombrecida por una ligera melancolía. Pero quizá se hubiese logrado de una manera anímicamente menos escindida si la gracia del intelecto –ya sea hacia la ambición, ya hacia el amor– lo hubiese fijado de una manera más demoníaco-unilateral.

Peter Altenberg se mantenía un tanto aparte, si bien no en la amistad. No se pensaba, estando con él, ni en varón ni en mujer, sino en una tercera, más rica criatura. La conocida frase sobre él, *"mon verre est petit, mais je bois dans mon verre"*, da con precisión un juicio exacto si no se pone todo el peso sobre *"petit"*, sino sobre *"mon"*: porque lo nuevo y lo encantador de las pequeñas figuras de Peter Altenberg reside en la manera enigmática en que este impide, por así decirlo, que ambos sexos lleguen a la adultez, elaborando poéticamente su infantilismo de una forma especial, que también en sus peculiaridades más personales se expresaba plenamente.

Siempre que iba a Viena, incluso en años posteriores, tenía oportunidad de quedarme en casa de Marie von Ebner-Éschenbach, adonde me llevó por primera vez Fritz Mauthner; la última vez en 1913, pocos años antes de su muerte, que su sobrina, la condesa Kinsky, me comunicó más tarde a casa. Las horas en su compañía han quedado grabadas, inolvidables, en mi memoria; la calma y, cómo lo diría, la esencialidad que emanaba de ella. Su aspecto exterior hacía casi el efecto de acurrucarse o encogerse intencionadamente, como si sus ojos grises, sus ojos que sabían infinitamente, miraran desde tan abajo, que nadie se diese cuenta de lo que tenía delante: como si fuera mejor que permaneciese en secreto eso que sin embargo se revelaba, íntima e incesantemente, en el tono, en la palabra, en la mirada y en el gesto. De ella tomaba uno, por así decirlo, el misterio y la revelación –que permanecían en este calor concentrado de secreta presencia–.

Con la magnificencia de sus alrededores, Viena obliga a salir al aire libre del campo, y allí se traslada de continuo el trato social y el amistoso. En el verano del mismo año 1895 me encontré en el Salzkammergut y en Innsbruck con los amigos. Para mí, todo lo vivido queda redondeado cuando goza de la compañía de los bosques, la campiña, el sol –o incluso las montañas, en las que había estado tan pocas veces hasta el momento, descontando un par de viajes de la niñez, con mis padres, a Suiza–. En el invierno siguiente volví otra vez a Viena, y en el verano del otro año anduve por primera vez trepando por las montañas austríacas. De manera especialmente viva recuerdo una larga excursión desde Viena, en la que un amigo y yo atravesamos a pie toda Carintia, cruzando el alto Tauern, hasta abajo, a Venecia; de este lento viaje a pie, descansando tranquilamente en los lugares más hermosos, tengo todavía hundida en el recuerdo una impresión breve y poderosa: teníamos que llegar antes del anochecer al glaciar de Rotgülden, pero nos demoramos mucho porque nos anunciaron que a sus pies había un toro en celo, para cuya captura se vino finalmente con nosotros toda una horda de acalorados lugareños, armados de la manera más insólita. Durante unos minutos vimos también al animal: sobre un picacho situado al frente, separado de nosotros por una profunda garganta, su perfil bien erguido: una imagen de poder y de obsesión, "semejante a los dioses" en el sentido antiguo, y de un efecto enormemente indeleble gracias a nuestra situación exenta de peligro, que nos permitía una contemplación pausada. A mí, por lo menos, me perseguía todavía la imagen mientras íbamos por el glaciar, ya en plena oscuridad y solos, buscando y golpeando cada piedra, por si en alguna parte, como en el cuento de hadas, se encontraba agazapada y escondida la choza alpina.

De todas las impresiones de paisaje, la que más arrebatadora me pareció fue la rápida sucesión de tres primaveras, viniendo desde Italia, por Alemania, hasta el Norte. Nunca se me había impuesto de manera tan triunfal el sur a los sentidos como esta vez, cuando consiguió, a pesar de que el invierno había sido como un mayo, hacerse sin embargo primavera sin confundirse simplemente con el verano. Esto lo que daba la apariencia de una cabal inexhaustibilidad más allá de todo lo visible, que, con placer, tenía en reserva, con solo quererla, cualquier estación del año, y de que lo inconmensurable nos estaría esperando en lo terreno, con tal de que la capacidad de recepción humana hubiese tenido la profundidad y sensibilidad suficientes. Así saciada, pude también mostrarme más justa con el clima centroeuropeo, cuya flema tan a menudo nos desespera, por obligarnos de continuo a limpiarnos los ojos de lluvias y granizos y a alentar a los botones que brotan en las ramas; dichosa me alegré de las violetas y de lo circunstanciadamente "sentimental", en el mejor de los sentidos: el corazón, magníficamente calmado, se había tornado paciente, y por ello tanto más profundamente embelesado. Del tercer nacimiento del verano que en esa ocasión viví, el nórdico, el amado desde la niñez, es del que menos sabría decir. Esperado hasta tan tarde, y desplegado luego tan plenamente en su brevedad, se proclamó de la manera más irrebatible en su claridad e interrupción. Al oír, muy entrada la noche, la llamada del cuco, o las canciones de los labriegos al volver del campo, uno no pensaba: "Todo se apresura para llevar a término tal o cual cosa en la brevedad del verano", sino que se sentía la anulación del tiempo y del cambio tras la discordia de la noche o el mediodía, de lo tardío o lo temprano.

En casa, y en cualquier estación del año, pronto volvía a ganarme por completo el deseo de soledad, y era cosa también de mostrarse laboriosa y escribir los artículos del día, así como, anteriormente, la crítica teatral. Cuando más, mis caminatas me llevaban ocasionalmente, campo a través, hasta donde vivía Frieda Bülow, en medio de la nieve o del ligero verdor del follaje de Lichterfelde, en casa de unos parientes, la baronesa Anna Münchhausen-Keudell, en dos habitaciones repletas de hermosísimos y venerables objetos de familia, amén de otros, exóticos y actuales, del África oriental. A comienzos del año 1896 nos propusimos dedicarle algo de tiempo a Múnich: y fue allí donde conocí a la segunda mujer a la que llegara a estar muy próxima y a la cual permanecí cercana para siempre (también en la edad somos vecinas), desde 1896 hasta nuestras respectivas muertes.

Helene von Klot-Heydenfeldt había nacido en Riga, en el Báltico, y estaba de paso en Múnich con su madre y su hermana; luego de leer la *Sonata a Kreutzer* de Tolstoi, había escrito un buen libro, *Una mujer*, tenía muchas relaciones alemanas, y un año más tarde casó con el arquitecto Otto Klingenberg. Cuando más tarde, mucho más tarde, pasé varios meses de invierno en Berlín, viniendo de Gotinga, la casa de Helene Klingenberg fue mi hogar. Helene y Frieda se diferenciaban entre sí como un chico negro de una virgen rubia.

(Todavía más hacia lo rubio tiraron el marido, frisio, y los niños de Helene.) Y si la sed de acción de Frieda la arrastraba a las distancias, el destino de Helene –como epitafio eligió las palabras bíblicas: "La suerte me deparó lo amoroso"– estaba como íntimamente prefijado en la omnipotencia del amor, para ser mujer y madre. A causa de nuestra diferencia, mi vida con Frieda transcurría en fructíferas discusiones, pero esa diferencia la soportaba yo con más gratitud que ella, que a toda costa quería que fuéramos iguales. Con Helene me unía, de seguro, algún oculto parentesco, lo cual no impedía que transitara caminos muy diferentes a los de ella, lo que no nos importaba, porque por esta naturaleza fuertemente anclada en el amor me toleraba, sin reservas, tal y como yo era, hasta cuando actuaba como un monstruo.

En Múnich no se vivía en tan amplia comunidad como en París o en Viena, la amplitud y belleza de sus calles estaba como vacía, como pidiendo a gritos que se reuniesen en ellas. La gente no convergía aquí en lo "muniqués" de los nativos, sino en lo común a todas las nacionalidades alemanas. Sociabilidad, la había en algunas familias literarias y en algunos rincones de Schwabing. Entre los conocidos –también estaban Max Halbe, Frank Wedekind, la editorial Langen, después Björnson–, el que más iba con mi gusto era un compatriota de Helene, que esta no conocía, sin embargo: el conde Eduard Keyserling, que por entonces ya se estaba quedando ciego. Y en una nueva visita a Múnich, algunos años más tarde, me entristeció mucho no encontrarlo. Con otros, como Ernst von Wolzogen y Michael Georg Conrad, solo hablé muy fugazmente; de entre los jóvenes, con más frecuencia con Jakob Wassermann, cuya excelente obra *Los judíos de Zirndorf* le había granjeado ya la atención general. Con August Endell, artesano y arquitecto, posteriormente director de la Academia de Arte de Breslau, hice especial amistad, y me fue profundamente afecto hasta el final. ¡Que este recuerdo tenga que ser una necrología para este joven enfermizo, entonces solitario y en amarga lucha! Es el recuerdo de una proximidad inolvidable y de inolvidables valores.

Con ocasión de alguna cita en el teatro, Jakob Wassermann trajo hasta nuestras localidades a un amigo a quien quería presentar: era Rainer Maria Rilke.

Colette

Vampiro

Sidonie-Gabrielle Colette, más conocida como Colette, nació en Saint-Sauveur-en-Puisaye, Francia, en 1873, y murió en París en 1954. Fue novelista, periodista y guionista.
Escribió más de 50 libros, varios de los cuales fueron muy
exitosos, traducidos a decenas de lenguas, y adaptados al
cine y al teatro. Presidió la prestigiosa Academia Goncourt.

A continuación, se transcriben dos capítulos de *Lo puro
y lo impuro*.

Vampiro... Así se llamaba a una mujer, ya muerta, que conoció lo peor de su reputación hace treinta y cinco o cuarenta años. Amalia X... mi vieja camarada, comediante de giras, me la ha descripto fea, pero "llevando el frac con muchísima elegancia".

–De no ser así, no hubiera sido más que otro frac mal cortado –repliqué.

Según sus retratos, era morena, huesuda, lisa de boca, engalanada con una insolencia de modistilla disfrazada. Su activo consistía en unas jovencitas desoladas, una mujer que se suicidó bajo la ventana, matrimonios deshechos, rivalidades a veces sangrientas. Su umbral no era más que ofrendas floridas y sus desprecios pasaban por incomparables. ¡Y qué! ¿Tantas postulantes y tan pocas elegidas? No es el balance de una ogresa. Más bien el juego, bastante cruel, de una conocedora de los placeres del espíritu. Perjudicar absteniéndose casi del pecado no es hazaña de una mujer vulgar...

Una fotografía firmada con su nombre falso, Lucienne de..., nos la muestra con traje sastre, y correcta con trazas de mal gusto, es decir, de gusto femenino. La punta del pañuelo, saliendo del bolsillo del pecho, tiene dos dedos de más. Las puntas, el ancho de las solapas son discutibles, así como los

111

zapatos. Se advierte que una imaginación femenina, cautiva bajo la frente descubierta del falso hombre, lamenta no haber podido gastar en chorreras, en cintas, en telas sedosas... Resulta extraño pensar que aquella mujer, que frustraba el hombre, tuvo más que una preocupación y un modelo: "el apuesto caballero". Le era difícil abandonar su expresión de desafío; databa, lo mismo que su escritura agresiva, de la época de las impudentes. Amalia X..., aquella buena actriz de *tournées* que murió al principio de la guerra, me hablaba de ella como de una rival, por haber disputado a "la Lucienne" numerosas conquistas y la especialidad de la aventura peligrosa. Si había que creerla, Amalia no vacilaba en abandonar, por las noches, a un sultán ahíto, dormido, y se iba velada, a pie, por las calles de Constantinopla, hasta el cuarto del hotel donde velaba, esperándola, una dulce, una rubia y muy joven mujer...

–Y ¿sabes? –me confiaba la buena Amalia, barajando los naipes encima de una mesa de hierro, en un triste café de Tarbes o de Valenciennes–. En aquellos tiempos, Constantinopla, de noche, era menos segura que el bulevar de La Chapelle...

Un poco bigotuda, reumática, en el límite de sus fuerzas y vivaz, "giraba" todavía a más de sesenta años, y sabía relatar su pasado. "No me ha faltado nada –afirmaba–, ni la belleza, ni la dicha, ni la miseria, ni los hombres, ni las mujeres... ¡Lo que se puede llamar una vida!" Solamente con este recuerdo sus hermosas y grandes pupilas israelitas buscaban el techo.

–Pero si no hubiese habido entre tu amiga y tú las calles negras, los peligros, las sombras, el viejo que dejabas, el peligro, en fin, ¿hubieras acudido de tan buena gana?

Mi buena camarada se apartó un momento del Ahorcado, de las Copas, de las Espadas y del Esqueleto que le sonreía.

–Déjame en paz con tus preguntas. Soy una vieja y ya no resulta tan divertido. ¿Por qué quieres quitarme la ilusión de que he podido ser igual que un muchacho?

–¿Así es que cuando dejabas al viejo turco, tenías la idea de que dejabas de ser mujer?

–¡Claro que no! ¡Qué complicada eres! Nunca hay necesidad de dejar de ser mujer. En ningún caso. Incluso, ten presente esto: una pareja femenina puede durar mucho tiempo y ser dichosa: pero si se desliza en una de las dos mujeres, lo que yo llamo un hombre falso, entonces...

–¿La pareja es desgraciada?

–Desgraciada, necesariamente no, pero triste, sí.

–¡Ah! ¿Sí...? Explícamelo.

Amalia disponía cabalísticamente encima de la mesa su precioso juego de naipes, que olía a cartón grasiento, a cuero viejo y a la estearina de la rata de cloaca metida en un bolso fuera de edad.

–Verás, una mujer que sigue siendo mujer es un ser completo. No le falta nada, ni siquiera junto a su "amiga". Pero si se le mete en la cabeza querer ser hombre, es grotesca. ¿Qué hay más ridículo y más triste que un hombre... simulado? Aquí sí que no podrás decir nada. ¿Tú crees que la vida de la Lucienne de X..., a partir del día en que adoptó el traje de hombre, no estuvo envenenada?

–¿Envenenada por qué?

–A partir de aquel día, si sus "amigas" olvidaron a veces que no era un hombre, ella, la imbécil, no cesó de pensarlo. Por eso, en medio de todos sus éxitos, nunca dejó de "fanfarronear". La idea fija le quitaba el descanso, y la convicción, lo que es más grave. ¡Gracia, sí! Pero una gracia descontenta. Descontenta, no digo triste. Un poco de tristeza no perjudica nunca a una pareja de mujeres. La tristeza llena los vacíos. ¿Cuál es la mujer que no ha añorado una época de su vida en que estuvo triste?

"Eso llena los vacíos..." La frase es unisexual. Brota del retiro severo en que se confina una pasión femenina, situación voluptuosa, rigurosa investidura sin la cual una mujer, como aseguraba el duque de Morny, queda en estado de esbozo. Este doctor aficionado se explica lo suficiente,[1] si tengo buena memoria, para que comprendamos que no hace solamente caso del "certificado superior" de la voluptuosidad. Parece estimar –el diamante se pule con otro diamante– que la mujer afina a la mujer, la deja apaciguada, suavizada; magullada es mejor. Morny ha debido de hablar como hombre competente, que recurrió a la mujer para una colaboración atrevida: "Te confío una maravilla incompleta... perfecciónala y devuélvemela!".

–Fue en aquel momento –prosiguió Amalia– cuando la Lucienne se puso a hacer esgrima. Se puso a adquirir gusto a todo lo que es malo en el amor: rupturas sin motivo, reconciliaciones condicionadas, separaciones y huidas innecesarias, escenas de lágrimas, qué sé yo... La idea fija. A Loulou, una bellísima rubia que tenía, la echó medio desnuda, de noche, al jardín para enseñarle a saber lo que ella quería, es decir, escoger entre ella, Lucienne, y el marido de Loulou... Antes de hacerse de día, Lucienne se asomó al balcón:

1 *Journal*, de los Goncourt.

"–¿Has reflexionado? –preguntó.

"–Sí –contestó la otra, que resoplaba de frío.

"–¿Entonces...?

"–Entonces me voy con Héctor. He pensado que es capaz de hacer algo que tú no puedes hacer.

"–¡Oh, naturalmente! –dijo la Lucienne, con su expresión venenosa.

"–No –replicó Loulou–, no es lo que tú crees. Eso que piensas no me importa tanto. Voy a decírtelo. Cuando salimos las dos, cuando vamos al campo, al restaurante, cuando viajamos juntas, todo el mundo te toma por hombre, naturalmente. Pero a mí me humilla estar con un hombre que no puede hacer pipí contra una pared..." ¿Eh...? Lucienne lo esperaba todo menos eso. Le sentó tan mal que no volvió a ver a Loulou... ¿Por qué te ríes?

–Pues porque esa réplica es infantil.

Amalia fijó en mí sus grandes pupilas irritadas.

–¡Infantil! Pues, hijita, fue lo más desagradable que pudo encontrar Loulou en el mundo.

–Pero ¿por qué? Lo encuentro pueril, y bastante cómico.

–¡Te repito que en el mundo! No son cosas que se explican... Son... matices... cosas que se sienten... Si no lo comprendes, me declaro incapaz de explicártelo. La verdad, me pregunto qué te interesa en asuntos de los que no entiendes nada. Déjame de una vez. Ya me has turbado bastante en mi "fatalidad".

Bajó sus largas pestañas sobre sus marchitas mejillas, guardó silencio severamente y leyó su destino paseando sobre las cartas un índice gotoso...

¿Cuántas veces la he "turbado en su fatalidad"? Para oírla, me hacía la ingenua. Me gustaba buscar en su rostro, entre las tupidas cejas y el mentón romano, algún rasgo de la conquistadora que se lanzaba de noche por las callejuelas de Oriente, atravesaba, distanciaba veinte peligros y, sobre un cuerpo parecido al suyo, como amorosamente copiado al suyo, cerraba sus brazos... Sus brazos, última belleza, brillantes, de un blanco verde como el de las judías tunecinas, y robustos; brazos que habían soportado los confiados sueños de mujeres jóvenes y que habían brillado bajo las redes de las largas cabelleras...

–Oye, oye, Amalia... ¿Cómo te explicas que Loulou prefiriera volver con su marido?

–No tengo que explicarlo –dijo Amalia dignamente–. Además, no afirmo que volviera.

–¿Cómo era el marido?

–Estaba muy bien –dijo Amalia con una súbita y viva simpatía–. Un magnífico tipo rubio, ¿sabes?, uno de esos grandes tranquilos... Y nada molesto para Loulou. En el fondo, con bastante gramática parda.

Levantó los ojos, contempló al rubio trigo en la lejanía del recuerdo y se le volvió hostil:

–Sí, con bastante gramática parda, muy paciente... ¡Una paciencia de ángel!

Muy paciente... "A ver si sabes perfeccionarla y devolvérmela..." Bien lo de perfeccionarla, pero ¿devolverla? Cuando rememoro mis conversaciones con Amalia pienso que la imprudencia masculina parece grande en estos casos. Invitada a volver al camino recto, ¿no será capaz la prenda preciosa de contestar al amante: "No, no vuelvo. Estoy mejor aquí que enfrente?".

–Lo importante para Loulou era vengarse con una frase terrible y herir a Lucienne, ¿comprendes?

–¡Herir a Lucienne! ¡Una frase terrible! Me haces reír... Hablas como una colegiala. ¡Qué niñerías...! El gran tranquilo debía de reírse aún más que yo... Esperaba su hora...

–¿Niñerías? ¡Grosera! ¿Cómo me hablas?

Me miraba de arriba abajo, le palpitaban las aletas de la nariz, y la irritación exageraba sus rasgos majestuosos, los pegaba a ese rostro de mal sacerdote que desluce a ciertas mujeres denunciando sus secretos errores. Esta, pasados los sesenta años, se ponía frente al rival triunfante, y le discutía su ventaja con un mal humor que imitaba la "fanfarronería" crónica de Lucienne. Bien lo de perfeccionarla, pero ¿devolverla...?

Comparo con esa acritud la paz libertina del hombre que se resigna, espectador zumbón, y espera a la mujer que, durante algún tiempo, le huye: "Ya volveré a pescarte." Tanta confianza y tanta soberbia merecen ser recompensadas. En realidad, lo son casi siempre.

–Amalia, ¿tú eras fiel?

–¿A quién? –preguntó sarcástica.

–A tu amiga.

Afectó un desdén repentino y cierta desenvoltura.

–¡Ah...! ¿A las mujeres...? Según.

–¿Según qué?

–Según la vida que llevábamos. Si nuestro género de trabajo no nos permitía vivir juntas a mi amiga y a mí, yo no era fiel. Ella tampoco.

–¿Por qué?

Recuerdo que Amalia levantó una vez más con laxitud sus anchos hombros, sobrecargados, que un tremendo peso de senos echaba hacia adelante.

–Pues porque sí. ¿Qué quieres que te diga? Hay que haber pasado por eso. Yo he pasado... Pues porque, una mujer no es fiel a una mujer que no está delante.

No la atormenté más, pues estaba segura de que ella no franquearía nunca el "yo he pasado", en el que se atrincheraba.

Me gustaba tocar los límites netos de su ignorancia y su sapiencia. Sobre dos géneros de amores, ella sabía todo cuanto puede retener la experiencia y un atrevimiento desprovisto de lirismo. Agotados su memoria y su buen humor regañón, yo la dejaba en el *"Chien de Pique"*, y sin ella iba más lejos...

Las Vírgenes de Llangollen

¡Cómo me disgusta palpar fríamente una creación tan frágil, y por todo amenazada ¡una pareja amorosa de mujeres! Ha pasado ya la época de conmoverme; pero me queda la equidad necesaria, una intención delicada de lo que es realmente delicado y punzante en el intento, la unión de dos seres en los que, casi siempre, la buena fe existe entera al empezar... Tranquilizadas por su exaltación, olvidan que su instinto de hembras industriosas, destinadas a edificar y a poblar un hogar, las anima y las lleva a amasar con qué construir un albergue sentimental, un techo flotante e inmaterial, apuntalado de frentes unidas, de manos enlazadas, de labios unidos... Sí, yo querría hablar dignamente, es decir con fuego, de lo que llamo la época noble de una pasión femenina. Escribo época noble, y no época de noble amor; una época que no puedo comparar, incluso si ha dejado de ser pura, más que con la de los esponsales inflamados y castos. La época noble de los amores que el vulgo condena pone su nobleza en su desdén por la voluptuosidad precisa, en la negativa a reflexionar, a ver claro y a organizar el porvenir. ¿Dónde tomarían el sentido del porvenir esas dos amigas que, a cada instante, lo niegan, lo deshacen, que no prevén ni el principio ni el fin, ni la transformación ni la soledad, que solo juntas respiran el aire, que solo andan, cogidas del brazo, con un paso bien armonizado...? Es la época en que se establece, monstruosa, compuesta como una contemplación ante el espejo, una vida cuya regularidad ahogaría al amor normal. Entregada al hombre, amada, exigente, una mujer no puede, sin embargo, alejar de su propia dicha la concepción intermitente del aislamiento: "Un día, cuando él esté ausente... El banco donde lo esperaré...". Por otra parte, cada vez que aparta a su amante, ¿acaso no aleja los peligros que amenazan a una pareja...? Pero las cosas son diferentes cuando se forma una pareja lejos del hombre. Dos mujeres absorbidas una en la otra no temen, no imaginan tampoco, la separación que no soportan. El pudor que separa a dos amantes en las horas de reposo, de las abluciones, de las enfermedades, no se desliza apenas entre dos cuerpos gemelos, igualmente afligidos, consagrados a los mismos cuidados, a las mismas castidades fatídicas... Una mujer se maravilla, se enternece al parecerse a una mujer amada, y se compadece... Milagros de la debilidad y del tímido conocimiento. Dos mujeres, al vivir juntas amorosamente, pueden descubrir por último que el origen de su mutua inclinación no es sensual. ¡Nunca fue sensual el pobre cinismo infantil y extraviado de Renée! ¿Cuál es la amiga que no se ruborizaría de buscar a su amiga solo a la hora del placer? De la pasión no suele florecer la fidelidad de las mujeres, sino a merced de una especie de parentesco. "¡Oh, hermanas mías!", suspira, sin cesar, Renée Vivien. Pero ella canta unas hermanas más o menos desgarradas y lánguidas, saladas de lágrimas. He escrito parentesco cuando tal vez habría que escribir similitud. El estrecho parecido tranquiliza hasta la voluptuosidad. La amiga se complace en la certeza de acariciar un cuerpo del que conoce los secretos y del que su propio cuerpo le indica las preferencias.

"¡Pobre, pobre chiquilla!" ¡Qué dulce grito, lleno de orgullo y de compasión! Así una amiga compadecía y arrullaba a la amiga a quien acababa de ayudar a pasar la cumbre de la felicidad... Después la abandonaba al silencio, no la obligaba en absoluto a esas palabras cuyo soplo, si atiza menudas brasas, ahuyenta la solidaridad delicada que solo vive de cuidados incesantes y conjugados. Sí, desunidas, las dos sombras calcadas una de la otra, aquí esbeltas, allá prominentes como las sombras de dos balustres, dejan entre ellas el espacio de un intruso, esto basta para derrumbar el edificio inteligente.

No es necesario que la sombra, proyectada sobre el vacío medianero, sea la del peor intruso, el hombre. La irrupción más ordinaria puede cambiar mortalmente la atmósfera igual de clueca, en el seno de la cual dos mujeres se consagran a una creación de su espíritu. Frecuentemente, es el hombre quien surge, fiel a su misión de encantar a la mujer, y agotarla nada más que con su deslumbradora falta de semejanza. Entonces él parece, para contraste, todo lujo y ostentación. Es necesario y nefasto como un riguroso clima natal, pero le gusta que se le codicie como algo superfluo. A veces, las amigas tienen tiempo de cegar la vía por donde él ha penetrado, y heroicamente vuelven a vivir unidas, habiendo compartido hasta la suprema privación...

Se dirá que concedo la parte más pequeña al placer febril en este capítulo por el que pasan y vuelven a pasar, unidas por parejas, las mujeres. En primer lugar, es porque el libertinaje sáfico es el único inaceptable.

Nunca se podrá censurar bastante a las mujeres sáficas de encuentro, la del restaurante, del *dancing*, del tren azul y de la calle, la que provoca, la que ríe en vez de suspirar. Nunca habrá demasiado crepúsculo preparado, demasiado silencio ni demasiada gravedad en un abrazo de mujeres. De ahí que he conservado mi buen humor recordando, relatando ciertos rasgos, silenciosos, de la buena Amalia que cuando contaba "su vida de soltero" pecaba por jocosidad. Dos mujeres prendadas no evitan la voluptuosidad, ni una sensualidad más dispersa que el espasmo, e incluso más cálida. Es esta sensualidad sin resolución y sin exigencias, dichosa por la mirada cruzada, por el brazo en los hombros, conmovida por el olor de trigo tibio refugiado en una cabellera, son estas delicias de la presencia constante y de la costumbre las que engendran y disculpan la fidelidad. ¡Maravillosa brevedad de los días parecidos a lámpara reflejada en una perspectiva de espejos! Tal vez este amor, que se dice ultrajante para el amor, escapa a las épocas, a las decadencias del amor, a la condición de que se le gobierne con una severidad invisible, que se le alimente de poco, que viva a tientas y sin objeto y que su flor única sea una confianza tal que el otro amor no pueda ni sondearla, ni comprenderla, sino solamente envidiarla y que por su gracia un medio siglo transcurre como "*a day of sweetly enjoyed retirement*".[2] Copio estas palabras, caídas cien veces de la pluma de lady Eleanor Butler, cien veces encerradas, como un hito sentimental, entre las páginas de su Diario.

En mayo de 1778, dos jóvenes inglesas, pertenecientes a la aristocracia galesa, huyeron, habiendo escogido su destino, y encerraron su soledad y su recíproca ternura durante cincuenta y tres años, en una aldea del País de Gales. La mayor, cuando murió, tenía noventa años. En 1825, sir Walter Scott visitó a aquellas a quienes la gente llamaba las "Vírgenes de Llangollen". Su yerno se encargó de decirnos que eran "ridículas". Pero en 1828 el príncipe Puckler Muskau, admitiendo que sus costumbres anticuadas las distinguen curiosamente, insiste en "la agradable soltura, el aire mundano y antiguo régimen, cortés sin afectación" que ennoblece a las dos ancianas señoritas. Sabemos que hablan un francés correcto y que, por encima de todo, son educadas, sencillas, con los modales de la mejor sociedad.

No tengo de ellas más que la reproducción de un retrato mediocre, pintado al final de su vida. La de más edad, lady

2   Un día de retiro exquisitamente disfrutado.

Eleanor Butler, parece la más pequeña. De cara al espectador, está hundida en una negra vestimenta de gruesa tela, chaquetilla ajustada, con amplia falda cuyo corte huele a sastre pueblerino. Se advierte, bajo dos faldas superpuestas, que sujeta la mano izquierda del modelo, unas enaguas blancas y los zapatos planos de puntas cuadradas. Una corbata de caza, de batista, oculta la garganta marchita. El atavío de miss Sarah Ponsonby es idéntico al de lady Eleanor, y el mismo sombrero de copa, una especie de cubo de alas arremangadas, cubre las cabezas de las dos amigas. El conjunto no se priva de ningún accesorio ineluctable, como un paisaje rocoso, una fuente de forma de baptisterio, un arco gótico y una liebre blanca jugueteando erguida sobre sus frágiles patas traseras.

Me hubiera gustado conocer los rostros juveniles, deslumbrantes de fe recíproca, de aquellas dos amigas pertinaces. Pero solo tengo en la mano el relato de su vida, que he leído atentamente, y no sin dificultades, en el texto original.

Su huida produjo un gran escándalo. Una vez cansada la curiosidad, a las "Vírgenes de Llangollen" les llegaron de todas partes testimonios de amistad y consideración. Nunca les faltaron visitas "distinguées". Lady Eleanor utiliza la palabra francesa. Madame de Genlis refiere que "las dos poseían la cortesía más noble, el espíritu mejor cultivado". Partiendo de aquí, zozobra en una honrada incomprensión y compadece a "esas víctimas imprudentes", de la más peligrosa exaltación de la mente y de la sensibilidad. Después de tal estado y tales juramentos, las dos se hallaban encadenadas, para siempre, en su montaña. A los ojos de la gente, la suerte de una carmelita parece menos digna de lástima.

Dejando a madame de Genlis en "los torrentes de lágrimas" que reclama la literatura de la época, yo me fío más bien del príncipe Puckler Muskau, que escribe: "Nada, excepto su cottage, interesa a las venerables ladies. Es cierto que su mansión ofrece auténticos tesoros: una biblioteca numerosa y bien provista, una vista y una situación deliciosas... Una vida igual, apacible, y una amistad perfecta son sus bienes...".

Tuvieron la dicha de morir "respetadas". Es una debilidad a la cual la ancianidad no suele escapar. También hay que tener en cuenta que las dos eran inglesas y pertenecían a la buena sociedad. En el origen de su serenidad, remontándose medio siglo atrás, encontraban, aún caliente en su ceniza, la noche novelesca de su primera huida, una enloquecida carrera por los senderos montañosos, con los pies ensangrentados en sus zapatos de paño... Después, dos noches más al raso, en una granja abandonada, Sarah tiritando de frío, a pesar del refugio de dos brazos protectores... la angustia... la fiebre que sube... la proximidad de los perseguidores a quienes los ladridos del perrito de Sarah han indicado el camino...

Embriagadas de novela, habían saltado por la ventana, por no pasar por la puerta abierta. Se escribieron secretamente, sobornaron a las criadas; en el momento de irse se llevaron unas armas de fuego cuyo manejo ignoraban y huyeron a caballo, cuando en su vida nunca habían montado un caballo... Complicaciones, juegos, dramas y lágrimas de chiquillas, pero de ahí se eleva, rígido y florido como el iris apoyado en su verde lanza, un sentimiento único.

La más joven de las fugitivas, Sarah Ponsonby, apresada y devuelta a su familia después de esta primera fuga, se halló muy cerca de la muerte. Durante el delirio de una grave congestión pulmonar, no cesó de expresar la firme resolución, salvo para llamar a su amiga. Esta, "de un vigoroso temperamento", ni gritó, ni lloró, pero se escapó de noche, se reunió con Sarah moribunda, se escondió y vivió en un armario. ¿En suma, qué pedían? Casi nada, y todo: vivir juntas. Cuando, por último, las dos familias, abrumadas y que no veían "pies ni cabeza" a esta locura, a esta llama desordenada y pura, cedieron finalmente, las muchachas se tornaron súbitamente dulces como palomas amaestradas. En el seno de una familia Ponsonby vencida y sollozante, organizaron serenamente, con una crueldad angelical, su segunda partida. "Cenaron, por última vez, abajo, con nosotros –escribe una *mistress* Goddard en su Diario–, y no he visto nada más confiado que su actitud. A la mañana siguiente, a las seis, se fueron más alegres de lo que se puede imaginar."

A partir de aquel día todo fue dicho para ellas. Un voto de clausura cayó sobre estas dos muchachas, las separó del mundo, veló, cambió y refundió el universo a sus ojos. A lo lejos, iba a rugir y a decrecer la tempestad de los motines londinenses. Los Estados Unidos proclamaban su independencia; una reina y un rey de Francia iban a morir guillotinados; Irlanda se rebeló; la flota inglesa se sublevó y la esclavitud fue abolida... La exaltación universal, el incendio de Europa no llegaron a las Pengwern Hills que rodean Llangollen, ni turbaron las aguas del pequeño río Dee. No sabríamos nada más de las "Vírgenes de Llangollen" si la mayor no hubiera, siguiendo la moda de la época, redactado un Diario que en cuarenta y tres años solo interrumpió en dos ocasiones. Como suele suceder a los seres perfectamente dichosos, su pequeña descuida todo medio de expresión y, muda, se convierte en una dulce sombra. Ya no es Sarah Ponsonby, sino una parte de esa persona doble que se llama "nosotras". Pierde hasta su nombre, que lady Eleanor casi nunca escribe en el curso de su Diario. En lo sucesivo se llama "Bien Amada", y "Mejor Mitad", y "Delicias de mi corazón"... Entremos, emocionados, en la atmósfera fantástica, destrocemos la ideal barrera, hollemos la pradera, elástica como una nube, verde como lo que en nuestros sueños, es verde, rozada por un rayo *silver and purple*[3] llegado de no se sabe dónde, laminado entre dos montañas...

Mientras mi Bien Amada dibujaba, yo leía a Madame de Sevigné. De siete a nueve, dulce charla con las Delicias de mi corazón, junto al fuego. Después nos arrollamos el cabello en papillotes.

Lluvia incesante, toda la velada. Persianas cerradas, fuego ardiente, velas encendidas... Un día de estrecho retiro, delicioso.

De siete a diez, leído J.-J. Rousseau. Día de paz deliciosa.

Transcurrida la velada sin más luz que la del fuego y el débil resplandor de una luz pálida. Hablamos de nosotras. Mi dulce amor. Un día de silencio pensativo.

Un día de la más perfecta y suave soledad.

Levantadas a las siete. Mañana celeste azul y plata... A las diez mi Bien Amada y yo bebemos una taza de té. Un día del más exquisito recogimiento.

3   Plata y púrpura.

Mi Bien Amada y yo recorremos la casa... Dulce y encantadora lluvia. Empecé las *Mémoires* de Madame de Maintenon. No sé si la vulgaridad del estilo, las anécdotas absurdas y las reflexiones impertinentes me permitirán terminar la lectura.

Mi Bien Amada y yo nos paseamos por delante de nuestro cottage.

Sin querer me detengo y leo y releo esta frase que conmemora un día entre los días: Mi Bien Amada y yo nos paseamos por delante de nuestro cottage. Si hubiera sido menos sencilla y se hubiese preocupado más de lo que sería de su Diario después de su muerte, ¿Miss Eleanor se habría limitado a esto? Para deslumbrar a la posteridad y confundir a sus detractores, bastaba que las amigas dejasen, en una de esas hojas en las que Sarah pintaba pájaros y flores, la historia de toda su vida: Mi Bien Amada y yo nos paseamos...

Se pasearon por delante de su cottage durante cincuenta y un años. Los primeros años de este dulce paseo, iban vestidas de blanco a la moda inglesa, con la pañoleta cruzada sobre el seno y flojamente anudada encima del alto cinturón. Aquellas muchachas de calidad carecían serenamente de dinero. Sentadas cerca del fuego hablamos de nuestra pobreza... Hablaron, lo juraría, como de un bien más, exclusivo y captado entre las barreras de su cercado: nuestra pobreza, nuestras grosellas, nuestra querida vaca Margaret, nuestros zapatos que nos vamos a probar... nuestros cabellos que el peluquero va a peinar...

Si Miss Butler no escribe "nuestra tumba", es que retrocede sin duda ante unas palabras que se refieren a la suma intimidad del último lecho. Sin embargo, no deja de hacer una velada alusión.

Un día de delicioso retiro. Durante la velada mi Bien Amada y yo escribimos y firmamos un papel, sellado con tres sellos negros, que depositamos en el primer cajón del pupitre. Permanecerá allí hasta nuestra muerte, día en el que esperamos que el deseo que contiene será atendido.

No hubiera mencionado ella los tres sellos de cera negra y nosotros los hubiéramos inventado, exigido. Tres sellos negros, la noche, un juramento y los dos nombres solemnemente escritos debajo del juramento... Sonreímos: esas niñerías son comunes a muchas pasiones. Lo que no es común en las pasiones es que duren medio siglo, sin variaciones, sin épocas. Habiendo dicho, escrito, firmado, cambiando palabras susurradas, escuchado el viento, las doce campanadas de la medianoche y las lechuzas y suscitado todos los fantasmas de un cottage galés, las dos amigas encienden una linterna y se van, cogidas de la mano, a visitar en su establo a la "querida Margaret", que es la vaca.

Fuera del tiempo, fuera de alcance... Resuenan brevemente, a veces, bajo el impacto de la realidad. Se ha hablado mucho de su fuga, que los periódicos recuerdan. Miss Butler se molesta, escribe a unos amigos poderosos y recrimina a su distinguida parentela. ¿Qué piensa de todo esto Sarah Ponsonby, bienaventurada y muda? No lo sabremos nunca. Seremos informados que el día en que el conde de Jarnac visita a las dos amigas y les narra (1789) los acontecimientos de París –la huida de Luis XVI a Versalles, su retorno, las violencias populares y mil horrores diversos– la Bien Amada acaba de bordar una bolsita de satén blanco, para las cartas, con iniciales de oro, una cenefa sombreada en oro y azul, y unos pespuntes de seda blanca, toda ribeteada de azul pálido... El conde de Jarnac nos dejó encantadas, añade miss Butler. No desdeña redactar, a su manera precisa y concisa, un resumen, enfriado a la inglesa, de las jornadas revolucionarias y después vuelve a lo más urgente.

Mi Bien Amada y yo fuimos a Blaen Bache...Vimos una mujer muy bonita hilando, una niña con una muñeca, dos hermosos perros, un gato blanco y negro... Aventuras infantiles, magias llenas de amor... ¡Qué no se atreva a decirlo todo! Una pizca de respeto humano le impide añadir...un hada sentada en una enredadera, un hombrecito con patas de pájaro, una ardilla con botas... No relata más de lo que la gente puede admitir: traemos bayas de acebo, plantas de fresas para nuestro jardín... Mi Bien Amada y yo contemplamos cómo mama el ternerillo y recogemos grosellas...

Traduzco de aquí y de allá, invento el orden y no me disculpo. A los cuentos fantásticos no les importan los equinoccios. El elástico césped más que verde podía al día siguiente cubrirse de una helada de cristal desmenuzado. ¿Había acaso en el cottage y su colina un buen tiempo, un mal tiempo? No había más que el tiempo de Llangollen: dulce y encantadora lluvia. Mi Bien Amada y yo recorremos la propiedad. Un día celeste y adorable.

La magia de una radiante amistad, que lleva a la aldea galesa a sentir devoción por las dos amigas, parece alcanzar a los mismos animales, que se hechizan en los alrededores del cottage.

¡Un conejo en el macizo! Envían perros de la aldea. Pero los perros no tienen olfato. Ni, sin duda, ojos. No huelen ni ven al conejo sentado delante de ellos bajo la ventana de la biblioteca.

Unidas para lo mejor y lo peor, no desdeñan nada. Sus hermosas manos se desunen para los trabajos domésticos, derraman las simientes hortelanas, barnizan muebles, pulen todas las maravillas de su universo bendito y limitado.

Levantadas a las seis. Mi Bien Amada y yo fuimos al jardín. Sembramos tres clases de simientes de pepino. Bruñimos la mesa del salón, con la ayuda del "Spinhamland" que hemos recibido. Cena en la cocina para dejar secar la mesa bruñida. Cómodamente hemos comido cordero y carnero frío. Encontramos a Margaret (la vaca) en la barrera: "le hemos abierto la puerta. Paseo por la pradera, regreso por el sendero... El campo es una maravilla".

Omito deliberadamente todas las fechas de este Diario. Miss Butler las anotaba con cuidado, asustada tal vez de que el oro fugitivo, el polvo inmaterial del tiempo llegara tan pronto a secar la tinta...

No menciono los rasgos numerosos escapados a la pluma de esta aristócrata de provincias que es lady Butler, acogedora para los aldeanos de Llangollen, pero dura con las "criaturas sin nombre, sin modales", que quieren cruzar la barrera blanca. Si al llegar al ocaso de su vida se apasionó por la genealogía y se sintió orgullosa de que los personajes "de alto copete" fueran a saludarlas, a ella y a su sombra enamorada, procura que los visitantes no se entretengan mucho...

Además, el cottage es pequeño. Miss Butler no insiste sobre la disposición del apartamento que cada día admira más (estoy segura de que es como el gabinete de madame de Sevigné) y no descubro, salvo error, más que una sola vez las palabras "el dormitorio" y "nuestra cama". Los lectores ingleses, más ásperos y más pervertidos que yo, pueden ver en esto una prueba. Pero ¿una prueba de qué? Celosos de una ternura tan imperturbable, quisieran que esas dos muchachas fieles hayan pecado contra la pureza. Pero ¿qué entienden por pureza? Estoy dispuesta a discutir con los que estiman que no se falta a las conveniencias acariciando con la mano una mejilla juvenil, cálida y fresca como el melocotón bajo su terciopelo, pero si la mano toma, sopesa y aprieta ligeramente un seno rosado como el melocotón, como ella umbilicado, hay que ruborizarse, gritar alarmado, insultar a la asaltante... ¡Cómo les cuesta a las personas decentes creer en la inocencia...! Ya lo sé, ya lo sé, la mejilla se queda fría, mientras que el seno se irrita. Pues, tanto peor para el seno. ¿Acaso, pequeño seno indiscreto, no puedes dejarnos por encima de ti soñar como egoístas, evocar las pulpas, las auroras, los montes, divagar entre los planetas, o no pensar en nada? ¿Por qué no eres de mármol tibio, anónimo, respetuoso con la mano acariciadora y sin intenciones? No te pedíamos tu opinión, pero de repente hete aquí sin misterio, pedigüeño y viril que es una vergüenza... "En las cuestiones de pudor –decía un viejo magistrado–, casi siempre la víctima es la culpable..."

El dormitorio... Nuestra cama... Lo que me falta es el Diario donde se hubiera revelado la menor, Sarah Ponsonby, la cautiva. Eleanor, que lleva la voz cantante y maneja la

pluma, no tiene nada que ocultarnos. La secreta es esa Sarah
Ponsonby que calla y borda. ¡Un diario de Sarah Ponsonby,
qué luz! Ella lo hubiera confesado todo. Aquí y allá quejas,
una seducción matizada, quizá traidora, habilidades de
exaltación voluptuosa... Robusta lady Eleanor, responsable
de todas las decisiones cotidianas, tan sinceramente abis-
mada en su Bien Amada, ignoraba usted que dos mujeres no
pueden realizar una pareja enteramente femenina? Usted
era la prudente carcelera, el macho. Es usted la que medía
la distancia necesaria entre ustedes y la vida real, que disponía, aquí y allá, sobre unas cuantas millas de paisaje ac-
cidentado, una figuración bucólica. Vuestra urbanidad que
abría de par en par la puerta del cottage a transeúntes bien
nacidos, sabía, aún mejor, cerrarla. Se enganchaba rápidamente vuestro modesto carruaje, y os dirigíais, "Mi Bien
Amada y yo", hacia aldeas, hacia amigos vecinos, paisajes...
El mismo vehículo os devolvía la misma noche, y al regreso os acompañaban la luna llena, el olor del heno, la risa
de las buharras... Cincuenta años y más, la medianoche de
todas las noches os vio reunidas bajo el techo de tejas: "[...]
Encontramos sobre nuestra cama, en el dormitorio, los pre-
sentes de Navidad, que nuestros mejores amigos, nucstros
servidores...".

Al llegar aquí, el lector ordinario sonríe. Tampoco se priva de un pequeño "¡Eh! ¡eh!". Pero yo no soy un lector ordinario. No sonrío ante esa hora cerrada sobre dos mujeres
que, rehusando ser la parodia de una pareja, franquean, su-
primen el peso de un falso himen, alcanzan el refugio del
sueño en compañía, de la vigilia en compañía, de la angustia

nocturna en compañía... La más débil anuda sus brazos al cuello de la mayor, respira la tupida cabellera, aprieta los dientes, no consiente sollozar, ni gemir... "¡Qué lejos estamos...! ¡Qué solas estamos...!" Y la mayor, a la que ningún peligro amenaza, protege con un brazo la espalda de su amiga, endurece en la oscuridad su puño libre: "Si se atrevieran a entrar aquí para quitármela, yo...". En la oscuridad oye su propio corazón, cuyo latido se acelera, pues no existe seguridad para dos mujeres que han decidido vivir solas. Todo les está permitido menos una sola clase de sosiego.

Y por esto contemplo con una amistad y una emoción encendidas, "el" dormitorio invadido por la angustia, visitado en fin por el sueño, más tarde por el alba, "el dormitorio", y la cama donde descansan las dos locas y dulces criaturas, tan firmemente fieles a una quimera.

Amor, trabajos domésticos, jardinería, lecturas durante la velada, visitas recibidas, devueltas, correspondencia larga, mundana y minuciosa; *gourmandise* inglesa, repartida tan pronto sobre el cordero frío como sobre el "fruto de la pasiflora aderezado con azúcar y vino de Madeira". ¡Qué de prisa pasa el tiempo...! ¿Qué, veinte años ya..., ya cuarenta años que estamos juntas? Esto es terrible... No nos hemos dicho nada de lo que queríamos decirnos... ¡Un respiro... o que todo vuelva a empezar...! "¡Ah! –se dice temblando Lady Eleanor, que tiene ochenta años–. Esta pequeña, Las-Delicias-de-mi-Corazón, esta pequeña que voy a dejar sola... Si fue ayer, si fue esta mañana cuando anotaba en mi Diario su manera tierna de darme el emético, con la ansiedad y la bondad que hacen la felicidad de mi vida... Esta chiquilla, Mi-Mejor-Mitad...

Esta chiquilla que solamente tiene sesenta y seis años, que no sabe nada de la vida...".

Es más o menos la época del retrato mediocre que tanto me gusta, el retrato de las dos viejas señoritas con traje de montar... Y casi inmediatamente después llega el momento en que miss Butler muere, a la edad de noventa años.

La amiga que ella abandonó tardó más de dos años en reunírsele en la cama preparada de antemano, en la estrecha cámara mantenida bajo el secreto de los tres sellos negros. Aquí devuelvo mi confianza a la bordadora muda, pues si los Hamwood Papers hacen caso y alarde de una carta que escribió a la desaparejada el duque de Wellington, ninguna epístola lamenta el aislamiento, el dolor de Sarah Ponsonby, y en ningún lugar describe la muerte de Eleanor Butler, ni elogia el carácter de la difunta. Solitaria, indigente, vuelve a considerarse digna de sus veinte años orgullosos y desordenados que decidían morir. No más de lo que a un náufrago, aferrado a unos restos, se le ocurre hacer el recuento de los bienes que ha perdido, Sarah Ponsonby piensa en llorar en voz alta a su amiga. Su memorialista[4] solo nos da una breve y última carta, completamente a mi gusto, que no deroga su silencio apasionado y lo disimula tras una ensoñación agreste de muchacha vieja:

"Esta mañana un amigo me trajo 16 geranios, de los cuales 14 son enteramente nuevos para mí, a pesar que me parece que poseo ochenta variedades. Le enviaré la lista. Pues, por jóvenes que sean, pueden ser padres la próxima primavera, y

4   The Hamwood Papers.

su descendencia no ser digna de los de ustedes en aquella época. Le agradezco las simientes de *Heartsease*.[5] Solamente temo que sean de un difícil cultivo en este tiempo desfavorable..."

5   Pensamiento.

OTROS TÍTULOS

ensayo 〰〰

OTROS TÍTULOS

ficción

MARDULCE

Impreso en Kadmos, noviembre de 2024.